文部科学省後援事業

日本語検定

公式 過去問題集

令和6年度版

2級

過去問

日本語検定委員会 編

東京書籍

目次

■本書について

■本書は、２０２３年度第１回検定問題（２０２３年６月10日実施）と、２０２３年度第２回検定問題（２０２３年11月11日実施）とを収録しています。

■本書に収録された検定問題およびその解答・解説は日本語検定委員会が作成しました。

■本書の問題の出題範囲が、必ずしも２０２４（令和６）年度検定に出題される問題のすべての範囲を示すものではありません。

■本書の解答と解説に、各問題が主にどの領域の問題であるのかを示しました。領域については、本書４・５ページをご参照ください。

日本語検定のご案内

❶日本語検定の特徴

1 日本語の運用能力を測ります。

漢字や語彙《ごい》など特定の領域に限定せず、日本語の総合的な運用能力を測ります。そのため、6つの領域から幅広く出題します。

1 敬語　2 文法(言葉のきまり)　3 語彙(いろいろな言葉)　4 言葉の意味　5 表記　6 漢字

2 生活場面を想定した問題で、実感をもって取り組むことができます。

小学生から社会人までを対象とする日本語検定では、各級受検者の世代や社会的な役割を想定し、出題内容をそれぞれの生活場面に合わせています。

3 得意な領域・不得意な領域がわかり、自分の日本語を見直すきっかけになります。

受検者一人ひとりに作成される個人カルテ（成績表）には、小問ごとの正誤のほか、領域別得点率なども記されます。これによって、自分の得意な領域やのばす必要のある領域がわかり、自分自身の日本語力を見直すことができます。

❷検定問題

6領域＋総合問題で日本語力を幅広く判定

総合問題

6領域の力を総合的に発揮しながら、文章や図表などを論理的に読み解き、その内容や言おうとすることを的確に捉えることができる。

敬語　場面や相手に応じて、尊敬語や謙譲語を適切に使い分けることができる。

文法　規範的な文法にしたがって語と語を連接させることができる。

語彙《ごい》　さまざまな言葉を正しく理解し、適切に使うことができる。

言葉の意味　慣用句なども含め、意味と用法を的確に把握することができる。

表記　漢字、仮名遣い、送り仮名について、文脈に合った適切な使い方をすることができる。

漢字　漢字や熟語の読み方と意味を理解し、適切に使い分けることができる。

❸受検級について

受検級	認定級*	各級のレベル	受検の目安						
			社会人	大学生	高校生	中学生	小学校高学年	小学校中学年	小学校低学年
1級	1級／準1級	社会人上級レベル							
2級	2級／準2級	大学卒業～社会人中級レベル							
3級	3級／準3級	高校卒業～社会人基礎レベル							
4級	4級／準4級	中学校卒業レベル							
5級	5級／準5級	小学校卒業レベル							
6級	6級／準6級	小学校4年生レベル							
7級	7級／準7級	小学校2年生レベル							

＊得点率に応じて、2種類の認定があります。

❹受検時間について（一般会場）

級	受検時間	検定開始	級	受検時間	検定開始
1級	60分	13：30	2級	60分	11：00
3級	60分	13：30	4級	50分	11：00
5級	50分	13：30	6級	50分	11：00
7級	50分	13：30			

＊検定開始時刻が異なる級に限り、併願受検も可能です。

❺認定の基準について

日本語の総合的な能力を測る

6つの領域でバランスよく得点することが必要です。

領域別得点率が50%に満たない領域がある場合には、認定されません（7級を除く）。

総合得点率と領域別得点率の両方の基準を満たすことで認定されます。

認定級	総合得点率	領域別得点率
1級	80%程度以上	50%以上
準1級	70%程度以上	
2級	75%程度以上	
準2級	65%程度以上	
3級	70%程度以上	
準3級	60%程度以上	
4級	70%程度以上	
準4級	60%程度以上	
5級	70%程度以上	
準5級	60%程度以上	
6級	70%程度以上	
準6級	60%程度以上	
7級	70%程度以上	領域なし
準7級	60%程度以上	

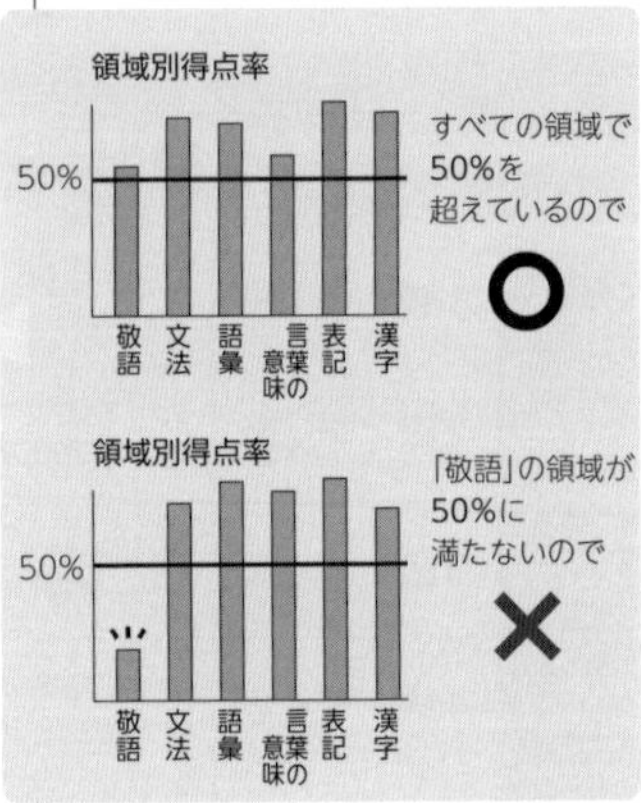

❻個人受検の流れ

＊団体受検につきましては、日本語検定委員会事務局までお問い合わせください。

1. お申し込み・受検料の支払い

＊お支払い後の取り消し・返金・級の変更・次回検定への繰り越しはできませんのでご注意ください。

①インターネットからのお申し込み

日本語検定ホームページから、お申し込みと受検料のお支払いができます。

＊お支払いは、クレジットカード・ペイジー・コンビニ決済・キャリア決済・コード決済から選択できます。

＊お申し込みページはこちら

②店頭でのお申し込み

取扱書店・商工会議所・代理店に申し込み、受検料をお支払いください。
「書店払込証書」または領収書（「払込受領証」等）を受け取り、出願書類を送付（下記2）してください。

③郵送でのお申し込み

郵便局または銀行の下記口座に受検料を振り込み、「払込受領証」を受け取り、出願書類を送付（下記2）してください。

［郵便振替］
口座番号　00190-3-578318
特定非営利活動法人　日本語検定委員会

［銀行振込］
三菱UFJ銀行　王子支店
普通口座　0023774
カナ　トクヒ）ニホンゴケンテイイインカイ
名義　特定非営利活動法人　日本語検定委員会

2. 出願書類の送付

＊ホームページからの申し込みの場合を除きます。

願書に必要事項を記入し、「書店払込証書」または領収書（「払込受領証」等）を、返信用63円切手とともに専用封筒に入れ、委員会事務局へ郵送してください。

【願書提出先】
特定非営利活動法人　日本語検定委員会　委員会事務局
〒114-8524　東京都北区堀船2-17-1

＊受検料をお支払いになっていても、上記書類が未着の場合はお申し込みが無効となりますのでご注意ください。

3. 受検票の受け取り

検定日の約1週間前

4. 受検

検定日

5. ホームページ上での解答速報閲覧

検定日の数日後

6. ホームページ上での合否速報閲覧

検定日の約25日後

7. 個人カルテ・認定証の受け取り

検定日の約35日後

❼ 2024（令和 6）年度　日本語検定　実施予定

第 1 回 （（通算第 35 回）

6 月 15 日（土）：一般会場

6 月 14 日（金）・15 日（土）：準会場

●**申込期間**：3 月 1 日（金）～ 5 月 17 日（金）＊5 月 18 日（土）消印有効

第 2 回 （通算第 36 回）

11 月 9 日（土）：一般会場

11 月 8 日（金）・9 日（土）：準会場

●**申込期間**：8 月 1 日（木）～ 10 月 11 日（金）＊10 月 12 日（土）消印有効

●お問い合わせ・手続き取扱窓口

特定非営利活動法人
日本語検定委員会　委員会事務局
〒114-8524　東京都北区堀船2-17-1
0120-55-2858
午前 9:30～午後 4:30（土・日・祝日を除く）https://www.nihongokentei.jp

検定問題

令和5（2023）年度 第1回

日本語検定

2級

受検上の注意

1. 問題用紙は、検定監督者の合図があってから開いてください。
2. 乱丁や著しい汚れがある場合は取り替えますので、直ちに検定監督者に申し出てください。
3. 答案用紙に、受検番号と氏名が書いてある受検者番号シールを貼り付けてください。
（線で囲んである「受検者番号シール貼り付け欄」に貼り付けてください。）
4. 問題内容についての質問には答えられません。
5. 途中退場する場合は挙手をして、検定監督者に申し出てください。

●検定実施：2023 年 6 月 10 日

●受検時間：60 分

特定非営利活動法人
日本語検定委員会

問1

【　　】のようなとき、それぞれの（　　）部分はどのような言い方をすればよいでしょうか。最も適切なものを選んで、番号で答えてください。

一　【企業の採用面接に訪れた大学生が、入社後の抱負を述べて】

晴れて入社の（　　　）には、粉骨砕身、業務に邁進したいと存じます。

［**1** 折　**2** 砌《みぎり》　**3** 暁］

二　【株主総会を閉会するにあたり、司会者が挨拶をして】

それでは、当社のますますの発展を祈念し、最後は三本締めで（　　　）としたいと存じます。

［**1** お開き　**2** お仕舞い　**3** 結び］

三　【若手の社員が、取引先の年配者に自己紹介をして】

若輩者ゆえ世事に（　　　）ものですから、至らぬ点も多々あるかと存じますが、よろしくご指導のほど、お願いいたします。

［1 遠い　2 疎い　3 浅い］

問2

【　　】のようなとき、どのように言うのがよいでしょうか。一〜四それぞれについて、最も適切なものを選んで、番号で答えてください。

一【電車の車内放送で】

1　なお、○○方面をご利用の方は、次の△△駅で、一番線に停車中の○○行き各駅停車にお乗り継ぎになれます。
2　なお、○○方面へお越しの方は、次の△△駅で、一番線に停車中の○○行き各駅停車にお乗り継げます。
3　なお、○○方面へお越しになられる方は、次の△△駅で、一番線に停車中の○○行き各駅停車にお乗り継ぎできます。

二【外出中の上役にかかってきた、取引先からの電話に】

1　ただいま寺島は外出いたしております。戻りましたら折り返し電話してもらうよう申し上げます。
2　ただいま寺島は外出しております。戻りましたら折り返し電話するよう申し伝えます。
3　ただいま寺島は外出中でございます。戻りましたら折り返し電話するようお伝えします。

三

【自分の企画が社長の指示で取りやめになった訳を、上役に尋ねて】

1　私がご企画したプロジェクトが取りやめとなった理由について、何か存じておいででしたら、お聞かせ願いたいのですが。

2　私が企画したプロジェクトが取りやめになった理由について、何かご存じでしたら、お聞かせくださいませんか。

3　私が企画したプロジェクトがお取りやめになった理由について、何かご存じでいらっしゃいましたら、お聞かせいただきたいのですが。

四

【ファーストフード店の店員が、来店した客に】

1　ご来店ありがとうございます。店内で召し上がられますか、それとも、お持ち帰りされますか。

2　いらっしゃいませ。店内でのお召し上がりですか、それとも、お持ち帰りいたしますか。

3　いらっしゃいませ。店内でお召し上がりになりますか、それとも、お持ち帰りになりますか。

問3

【　　】のようなとき、それぞれの（　　）部分はどのような言い方をすればよいでしょうか。最も適切なものを選んで、番号で答えてください。

一　**【自著を恩師に献本する際に添えた手紙で】**

つきましては、ぜひとも先生のご高見、（　　）を請いたく、拙著をお送り申し上げる次第でございます。

［ **1** ご叱正　**2** ご叱咤　**3** ご叱責 ］

二　**【自社の創立百周年記念パーティーの招待状で】**

ご多用中とは存じますが、（　　）賜れば幸いに存じます。

［ **1** ご来迎《らいごう》　**2** ご来駕《らいが》　**3** ご来賓 ］

三　**【丁寧な手紙をくれた知人への返信で】**

この度は誠に（　　）なお心遣いをいただき、大変ありがとうございました。

［ **1** ご懇親　**2** ご懇意　**3** ご懇篤 ］

四　**【新規の取引先を紹介してくれた人へのお礼のメールで】**

この度は△△株式会社様との仲介の労を（　　）くださいまして、心より感謝申し上げます。

［ **1** お与え　**2** お取り　**3** お計らい ］

問4

「動詞の連用形＋ている」には、いくつかの意味・用法があります。**ア**〜**ク**の――部分の「〜ている」は、A〜Dの例文のどれと同じ意味・用法でしょうか。それぞれ記号で答えてください。

A――外は今、激しい雨が降っている。
B――母はいつも国産の牛肉を買っている。
C――実は、彼とは以前にも会っている。
D――公園のベンチに老人が一人座っている。

ア 上皇は皇太子時代に、美智子妃と共にこの町を視察に訪れている。
イ 大学受験を来年に控えた娘は、今夜も遅くまで勉強している。
ウ 妻は昨年から、二年間の単身赴任でロンドンに行っている。
エ 私の会社では、午前九時からの朝礼を欠かさず行っている。
オ この地域は複数のプレートがひしめき合っているため、地震が頻繁に起こっている。
カ 高田さんが急に退職し、うちの部署に欠員が生じている。
キ 弟はさっきから、買ったばかりの小説を熱心に読みふけっている。
ク 今村昌平監督は、カンヌ国際映画祭で最高賞《パルム・ドール》を二度、受賞している。

問5

次の会話は、ある企業で学生向け会社説明会の事前打ち合わせをした際のものです。参加者は、常務の松本氏、総務人事部長の伊藤氏、総務人事部広報課長の木村氏、開発部社員のタオ氏です。**ア**～**カ**の――部分の言葉遣いは適切でしょうか。適切である場合には**1**を、適切でない場合には最も適切なものを**2**～**4**から選んで、番号で答えてください。

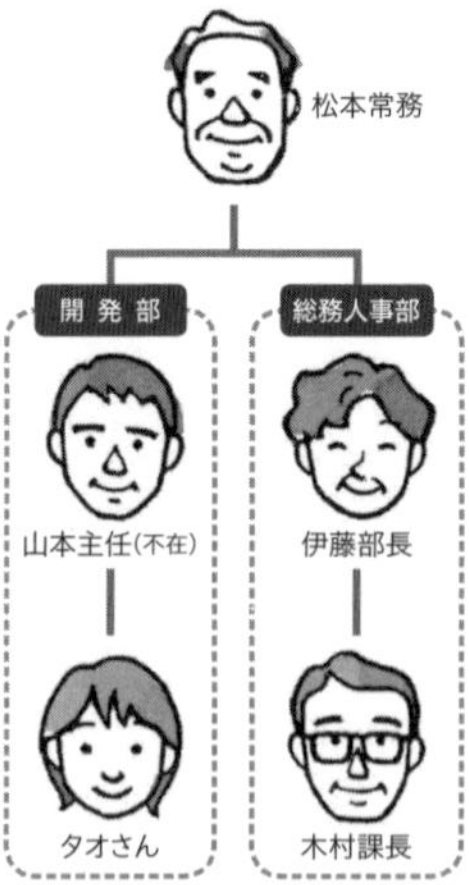

【伊藤】松本常務、本日はお忙しい中、ありがとうございます。早速ですが、まず当日の流れを簡単に説明いたします。司会は私、伊藤が[ア]お務めします。冒頭で私が簡単な挨拶をいたしますから、その後で常務に、企業理念や会社の沿革についてのお話を十五分程度でお願いいいたします。

【松本】承知しました。

【伊藤】常務のお話に続いて、木村課長に現在展開中の主な事業を、動画を使って[イ]紹介してもらいます。木村課長、準備はよろしいですか。

【木村】はい、すでに用意ができております。後ほどお目にかけますので、常務の[ウ]屈託のないご意見を頂戴したいと存じます。

【伊藤】続いて、当社が開発した新型ロボットアームのデモンストレーションを行います。機器の操作と説明ですが、当日は開発部の山本主任が出張で出席できませんので、代わりにこちらの[エ]タオに担当させます。

【タオ】この四月にベトナムのハノイ工場から本社の開発部に転属となりました、タオと申します。よろしくお願いいたします。

……

【伊藤】　最後に十分ほど質疑応答の時間を設けます。回答者は、質問の内容に応じて私が指名いたします。場合によっては、常務にも^オ^お答え願うことになりますが、よろしいでしょうか。
【松本】　分かりました。
【伊藤】　大まかな流れは以上です。それでは、動画の内容確認に移ります。木村課長、常務に動画を^カ^お見せください。

ア……1（適切である）
2　お務め申し上げます
3　お務めいたします
4　務めます

イ……1（適切である）
2　紹介していただきます
3　ご紹介いただきます
4　ご紹介していただきます

ウ……1（適切である）
2　忖度《そんたく》
3　忌憚《きたん》
4　予断

エ……1（適切である）
2　タオに担当してもらいます
3　タオさんに担当していただきます
4　タオさんが担当させていただきます

オ……1（適切である）
2　ご回答いただくことになりますが
3　お答え願うかもしれませんが
4　ご回答をお願いするかもしれませんが

カ……1（適切である）
2　お見せしてください
3　お見せしてあげてください
4　見せて差し上げてください

問6 一～五には、文を構成する要素間の文法的、また意味的な関係から、いくつかの異なる解釈が可能なものが含まれています。それぞれの文が一通りの解釈に限られる場合には ○ を、複数の解釈が生じる場合には × を解答欄に記入してください。

一 細野さんは、大阪の大学を卒業した後に地元に戻り、同じ会社に勤めていた今の夫人と、数年の交際期間を経て結婚した。

二 労働組合の執行部は、今年こそ大幅な賃上げを勝ち取ると息巻いていたが、結局は例年どおり、大きな成果を得られないまま交渉は終わった。

三 猫の好きな人間というのは、むしろ犬っぽい性格をしている場合が多いような気がしないでもない。

四 昨日、レコード店に寄ったとき、ジャズに詳しい会社の先輩に薦められたCDを買ってみた。

五 まもなく定年を迎える高橋さんは、退職したら昔の登山仲間とキリマンジャロに登りたいと言っている。

問7 一〜四の（　　）に入る言葉として最も適切なものを**1**〜**8**から選んで、番号で答えてください。

一 鳴り物入りで始まった新規プロジェクトは、計画の杜撰《ずさん》さから、結局は失敗に（　　）た。

二 財務部長は社長の意向を（　　）て、徹底したコスト削減を社内に呼びかけた。

三 政府はウイルスの感染拡大を抑えるため、多くの識者から意見を（　　）た。

四 彼は様々な言い訳を（　　）て追及をかわそうとしたが、動かぬ証拠を突きつけられ、ついに責任を認めた。

1 帰し	**2** 喫し	**3** 体し	**4** 託し
5 堕し	**6** 徴し	**7** 呈し	**8** 弄し

問8

―― 部分の言葉に対して、一～三は置き換え可能な、意味の最も類似した語を、四～六は（　　　）に入る、対照的な意味を表す語を選んで、番号で答えてください。

《意味の最も類似した語》

一　「企業再建のプロ」と言われる彼だが、大勢の従業員を容赦なく解雇したことには賛否両論がある。

［ 1 馘首　2 頓首　3 鳩首　4 落首 ］

二　環境先進国であるかの国の地球温暖化対策には、我が国も注視すべきものが多々ある。

［ 1 留意　2 刮目　3 顧慮　4 詮索 ］

三　この議員には、前回の選挙で対立候補に関するデマを拡散したという疑惑が持ち上がっている。

［ 1 悪評　2 虚構　3 欺瞞　4 流言 ］

《対照的な意味を表す語》

四　学生時代はどちらかといえば訥弁だった林田さんも、今では（　　　）で知られる名アナウンサーだ。

［ 1 強弁　2 能弁　3 多弁　4 詭弁 ］

五　経営陣の退嬰ぶりに業を煮やした新社長は、彼らに創業時の（　　　）の精神を取り戻せと訴えた。

［ 1 進捗　2 進歩　3 進取　4 進化 ］

六　あの部長は部下の失敗には寛容だが、意見はなかなか聞き入れないという（　　　）な一面もある。

［ 1 強硬　2 狭量　3 驕慢　4 怯懦《きょうだ》 ］

問9 一〜四の（　　）に入る言葉として最も適切なものを選んで、番号で答えてください。

一　近頃は老眼が進んで活字を読むのが面倒になり、話題の新刊にも今一つ食指が（　　）。

［1 動かない　2 触れない　3 伸びない　4 そそられない］

二　こんな初歩的な日本語の間違いを犯すようでは、新聞記者としての沽券《こけん》に（　　）ぞ。

［1 あたる　2 さわる　3 かかわる　4 きわまる］

三　部下の些細なミスにいちいち（　　）を立てていては、上役である私の身が持たない。

［1 目がしら　2 目くじら　3 目くばせ　4 目づまり］

四　彼の境遇を思うと申し訳なかったが、（　　）を含めて早期退職を勧告した。

［1 因果　2 情理　3 是非　4 硬軟］

問10 一〜四の【　】の中の言葉を最も適切に使っているのは、それぞれどの文でしょうか。番号で答えてください。

一【口幅ったい】

1 あの人はいつも口幅ったい物の言い方をするので、結局何が言いたいのかよく分からないときがある。

2 たまには妻に感謝の気持ちを言葉で伝えようと思っているのだが、いざとなるとやはり口幅ったい。

3 専門家でもない私が口幅ったいことを言うようだが、政府の憲法解釈にはかなり無理があると思う。

二【係累】

1 首相が公約に掲げた税制改革は、党内派閥や経済界などの係累が足を引っ張っているのか、遅々として進まない。

2 成績優秀で将来を嘱望された彼だったが、病気の母や幼い兄弟などの係累があり、大学進学を諦めざるを得なかった。

3 我が社を若い人たちにとって魅力的な職場にするためには、年功序列や長時間残業などの係累を改めなければならない。

三【瓢箪《ひょうたん》から駒】

1 趣味で書いていた私のブログが書籍化され、おまけにベストセラーになるなんて、まさに瓢箪から駒だ。

2 入社以来ずっと経理一筋で働いてきた私に、突然、宣伝部への異動の話が来るなんて、まさに瓢箪から駒だ。

3 母の私は音痴なのに娘はオペラ歌手だなんて、まさに瓢箪から駒だと、友人たちにはよくからかわれる。

四【愁眉を開く】

1 担当医からは難しいだろうと言われていた父の手術が成功し、私たち家族はようやく愁眉を開いた。

2 彼女は努めて明るく振る舞っていたが、話が亡くなった夫のことに及ぶと、さすがに愁眉を開いた。

3 今朝から機嫌が悪そうだった部長に、旅行の土産の菓子を差し出すと、意外にあっさり愁眉を開いた。

問11

一〜四の――部分の言葉とほぼ同じ意味を表す言葉を1〜8から選んで、番号で答えてください。

一　あの国を巡っては、核開発など不穏なニュースばかりが聞こえてくる。

二　テレビのワイドショーは今日も相変わらず、芸能人の熱愛や不倫の話題で騒がしい限りだ。

三　大した業績を上げたわけでもないのに、部署の皆の前で褒められて、何とも照れくさい。

四　まだ幼いこの子に、母親の死をどう伝えたらよいのだろう。

1　おもはゆい
2　かたはらいたい
3　きなくさい
4　かまびすしい
5　ものものしい
6　いとけない
7　つつがない
8　よんどころない

問12

次の文章は、ある大学生が授業の課題として書いたレポートの下書きの一部ですが、漢字表記にかなりの誤りがあります。ア～ツの ―― 部分の表記が適切である場合には ○ を、適切でない場合には × を解答欄に記入してください。なお、ここでは送り仮名、また、記述内容の真偽や是非については問題としません。

たった十七文字の中に、目の前のア情景やその時の心情を簡潔に詠み込む「俳句」は、世界の定型詩の中で最も短い部類に属する。のみならず、行頭や行末の母音によってイ韻を踏むのではなく、五・七・五の拍によってリズムを表す点でもウ特意な存在であると言える。日本人が俳句のリズムに心地よさを見出すのは、太古の昔から我々の脳裏に刷り込まれた感覚によるところが大きいと思われる。実際、俳句のエ源流となったとされる「連歌」の歴史は遠く奈良時代にまでオ朔り、そこにはすでに五・七・五の定型のカ確率が認められる。

「連歌」とは、何人かの詠み手が五・七・五の「長句」と七・七の「短句」をキ交互に連ねていく形式の詩歌で、平安時代に貴族やク僧呂の遊びとして流行する中で発展し、鎌倉時代には百句をもって一作品とする「長連歌」が標準となった。室町時代から江戸時代にかけては、句の数を限定しつつ完成度を高めようとする動きが現れ、三十六句からなる「歌仙連歌」や十八句からなる「半歌仙」などの形式が登場した。また、それとケ並行して、当時の俗語やコ滑稽味を取り入れた「俳諧連歌」が生まれ、サ庶民の間にも広まっていった。さらに十七世紀後半の俳諧連歌師、松尾芭蕉が、連歌の初めの長句である「発句」を、単独での鑑賞にシ絶える芸術性の高いものに昇華させたことで、今日の俳句はここにス誕を発したと見る向きも多い。

ちなみに、連歌の発句にはもともと、「季語」や「切れ字」を必ず入れるといった式目(規則)があり、それが現在の俳句のルールやセ修字法にも受け継がれている。「切れ字」とは、強調や感嘆を表す言い切りの言葉(「古池や」の「や」、「桜かな」の「かな」など)で、これを句中や句末に入れることによって、効果的な「間」と豊かなソ余剰が生まれるとされる。

(中略)

第二次世界大戦後、イギリス出身の日本研究者レジナルド・ブライスがその著作でタ精力的に紹介したことなどもあり、日本の俳句は世界に知られるところとなった。今や俳句は日本だけのものではなく、世界中でその国の言葉による「HAIKU」が作られている。リズム感や季節感、文法の違いなどもあり、外国語の「HAIKU」には季語や字数などの厳しいチ制訳はないが、誰もが短い言葉で気軽にその時々の気づきや感動を表現できる、あえて省略することで鑑賞者に解釈や想像の余地を与えるといった、俳句ならではのツ特長は世界共通に享受されているようである。

問13

一～五には、パソコンなどで入力したときの変換ミスが一か所ずつあります。変換ミスを含む言葉の正しい漢字での書き方を楷書で解答欄に記入してください。（例：バスは定刻どおりに発射した。　解答●発車）

一　原材料費や光熱費が高騰しているので、その分を製品の価格に添加したいのだが、納品先が交渉に応じてくれない。

二　どんな報道機関も完全に不偏不等であるとは言えない以上、我々は常に多様な情報源の確保に努めねばならない。

三　経営陣は新規市場への積極的な参入などと景気のいいことを言うが、私には生産があるとは到底思えない。

四　古来、クローブという香辛料には沈痛・抗菌作用があるとされ、現在の医療にも活用されている。

五　おとぎ話のお姫様といえば、おしとやかな深層の令嬢だという固定観念が、昨今の社会情勢を反映して覆されつつある。

問14

一～五の――部分の漢字の読み方を**平仮名**で解答欄に記入してください。

一　戦線が膠着状態になったところで、ようやく両国の首脳が停戦交渉に前向きな姿勢を見せた。

二　久しぶりに祖母の家を訪ねると、長らく手入れをしていないのか、庭中に雑草が繁茂していた。

三　あの課長は、上役にはお追従ばかり言うくせに、部下にはいつも横柄な態度を取る。

四　仕送りの大半を飲み代に使ってしまうなんて、何という親不孝者だ。　※「だい」以外の読みで

五　天気が崩れるときは、いつも背中の古傷が疼くので、前もってそれと分かる。

問 15

一〜五のそれぞれの□に入る適切な漢字一字を選んで、四字熟語を完成させてください。解答は番号で記入してください。

一　日本と韓国とは一□帯水の隣国なのだから、日本人として両国の友好促進を願うのは当然のことだ。

［ 1 路　2 衣　3 地 ］

二　上役の言うことに□□諾諾と従っているだけでは、いつまでたっても一人前になれないぞ。

※同じ漢字が入ります。

［ 1 意　2 畏　3 唯 ］

三　□目八目というから、ここは一つ、第三者の意見を聞いてみようじゃないか。

［ 1 横　2 傍　3 脇 ］

四　無駄な会議を減らす方策を話し合うために何度も会議を重ねるなんて、自□撞着も甚だしい。

［ 1 家　2 画　3 毛 ］

五　彼女はアイドルグループを脱退後、歌手に俳優、エッセイストと、八面六□の活躍を見せている。

［ 1 膚　2 腑　3 臂 ］

問16

一～五のア・イの（　　）に入る漢字として適切なものを、それぞれの【　　】に掲げた同音の漢字から選んで、番号で答えてください。適切なものがないときは、4を選んでください。同じ番号を二度使ってもかまいません。

一【1塞　2仄　3捉　4（適切なものがない）】

ア　政治に関心を持たない若者が増えている背景には、長引く不況による一種の閉（　　）感があるのかもしれない。

イ　世論に大きな影響を与えうる人物が、根拠のない臆（　　）をインターネット上で喧伝した責任は重い。

二【1峰　2鋒　3砲　4（適切なものがない）】

ア　かつて武装闘争論の急先（　　）だった彼女が、今では非暴力による抵抗を主張しているのを見て、時代の変化を感じた。

イ　著書の中で彼は、当時の軍部における戦略的思考と責任感の欠如を、舌（　　）鋭く批判している。

三【1伯　2薄　3剝　4（適切なものがない）】

ア　両チームの実力は（　　）仲しているので、決勝戦の行方は予想がつかない。

イ　往年の名車も長年放置されていた間にあちこち塗装が（　　）落し、実に無残な有様だった。

四【1久　2朽　3窮　4（適切なものがない）】

ア　数年ぶりに帰省した際、高校時代の友人と偶然に再会し、（　　）交を温めることができた。

イ　無（　　）の時の流れの中では、人の一生などほんの一瞬である。

五【1托　2拓　3託　4（適切なものがない）】

ア　優秀な編集者だった尾上さんは、定年後も嘱（　　）として会社に残ることになった。

イ　東南アジアを旅していると、街中を（　　）鉢して回る少年僧の列をよく見かける。

問17 一～三の文章について、（　　　）に入る文として最も適切なものをそれぞれ選び、番号で答えてください。

一

同じ意味の言葉を重ねて使用する「重言」は、原則的には誤用とされる。分かりやすい例でいうと、「頭痛が痛い」「馬から落馬する」などがそれにあたる。「頭痛」には「痛い」の意味が、「落馬」には「馬」の意味が含まれるので、わざわざ「痛い」だの「馬から」だのと言う必要がない。というよりも、そのような言い方には明らかな違和感がある。

では、「一番最初に」や「あらかじめ予定する」といった表現はどうか。「最」は「一番」、「予」は「あらかじめ」の意味であるから、これらも理屈の上では重言となるが、先の例ほどの違和感はない。（　　　）実際、後者の例を「意味を強調し明確にする表現技法」と見なし、許容とする辞書もある。

おそらくこれは、漢語である「最」や「予」が熟語の一部となることによって、特に口語においてはその意味が認識されにくくなっているからではないだろうか。つまり、ここでの「一番」や「あらかじめ」は、希釈された「最」や「予」の意味を改めて補っているのである。

1 なぜなら、後者は「頭痛が痛い」や「馬から落馬する」に比べて使用頻度が圧倒的に高く、耳になじんでいるからである。
2 ただし、個人の感覚として「違和感がない」ことと、「文法的に誤りではない」こととは、明確に分けて考えねばならない。
3 ということは、一般に重言とされる「違和感を感じる」という言い方も、今後は許容される方向に向かうかもしれない。
4 むしろ、単に「最初に」とか「予定する」などと言われるより余程、その意味がよく伝わると感じる向きもあるだろう。

二

昨年、映画会社やテレビ局など十三社が「ファスト映画」投稿者三名を訴えていた裁判で、東京地方裁判所は被告に五億円の損害賠償を命じる判決を出した。「ファスト映画」とは映画の内容を要約した映像のことで、これを著作権者に無断で動画共有サイトに投稿する行為が、最近、社会問題となっていたこともあり、投稿者への賠償命令としては日本初となるこの判決は大いに世間の注目を浴びた。中には厳しすぎると感じた人もいたようだが、犯行の悪質さや今後への影響を考慮すれば妥当な判決だと言えよう。

（　　　）著作権侵害に加担していることは言うまでもないが、そもそも映画のあらすじだけを把握したり、ハイライトシーンだけを抜粋して視聴したりすることに、いったいどれだけの意味があるのだろうか。

映画をはじめとする文芸作品は、「真実は細部に宿る」という言葉もあるように、創作者が細部に込めた意図までも理解してこそ価値がある。それらを捨象し、作品を単なる「情報」として処理することに疑問を覚えない多数の人々によって、創作者の思いや権利が踏みにじられている現状には義憤を禁じえない。

1 私がこうした犯行を「悪質だ」と見なすのは、それが映画産業の存立を揺るがしかねない危険性を孕んでいるからだ。
2 というのも、今回のような厳罰で臨まねば、今後「ファスト映画」はますます増加の一途を辿ると予想されるからだ。
3 それよりも私が問題視したいのは、こうした違法なビジネスを成立させている無数の「利用者」の思考と行動である。
4 「ファスト映画」問題の重大さは、それが作品のみならず、その製作に関わった全ての人に対する冒瀆だという点にある。

三

かつては電車の中などで、泣き止まぬ赤ん坊を抱えて困惑している母親がいると、たいてい傍らの誰かが一緒に赤ん坊をあやしてくれた。そして、恐縮する母親に決まってこう言ったものだ。「赤ん坊は泣くのが仕事ですよ」と。

時は移り、近年は公共交通機関内での赤ん坊の泣き声がしばしば論争の種となっている。「赤ん坊は泣くのが仕事」という意見に対しても、「泣き止ませるのが母親の仕事」という反論がなされるが、こうした反論には、育児の全てを母親一人が負う、いわゆる「ワンオペ育児」を等閑視する風潮と通じるところがあるように思う。

そもそも、なぜ赤ん坊はあのような大声で泣くのか。一説によれば、それは母親だけに向けたアピールではないという。天敵に狙われやすい野生動物の赤ん坊は、辺りに響くような大声では鳴かない。だが、人間の赤ん坊は、逆に周囲に泣き声を聞かせることによって同類の注意を引き、守ってもらおうとする。言い換えれば、人類は集団（社会）全体で子どもを守ることによって種を繁栄させてきたというのである。（　　　）

1 確かにそれも一理あるが、「ワンオペ育児」もまた、集団より個人を尊重するという意味では一概に否定できないと思う。
2 だとすれば、昨今の「ワンオペ育児」の常態化は、本来の人間社会の在り方に反する異常な事態なのではないだろうか。
3 それが正しければ、先の論争については「赤ん坊は泣くのが仕事」という意見のほうに自ずと軍配が上がることになる。
4 そう考えれば、育児への社会の関心を喚起することが、現代における「赤ん坊の仕事」であるという見方もできるだろう。

問18 次の文章は、大学講師のAさんが自身のブログに書いたエッセイです。これを読んで、後の質問に番号で答えてください。

昨年の夏休み、私は小学生の息子と共に、旅行会社の主催する「オンライン・ツアー」なるものに参加した。「オンライン・ツアー」とは、新型コロナウイルスの世界的流行による「観光業不況」の中、各旅行会社が打ち出したア窮余の策で、インターネットを通じて「旅」を疑似体験できるというプログラムだ。息子から今年こそどこかに連れていけとせがまれたものの、感染予防の点から未だ旅行することに不安があった私は、自身かねて行ってみたかったニュージーランドへのオンライン・ツアーに申し込んだのである。

「VR（バーチャル・リアリティ）による驚きの臨場感」という宣伝文句は伊達ではなく、普段ゲームに使っているVRゴーグルを装着すると、三六〇度どこを向いても、街並みや山並み、青い空から緑の草原に至るまで見事に細かく再現された風景が広がっていた。私たちはガイドの説明を受けつつ、訪れた牧場で動物たちに餌をやったり、ワイトモ洞窟で青白く光る土ボタルの神秘的な美しさに息を飲んだりして、「旅」を満喫した。

イ圧巻だったのは、最大都市オークランドのランドマーク、スカイタワーからのバンジージャンプで、地上一九二メートルから一気に落下する迫力の映像に、私は恐怖のあまり思わず自宅の居間で絶叫してしまった。片や息子は大興奮、いつか本物を体験したいと目を輝かせていた。コロナ禍の中での「代替案」であったはずのオンライン・ツアーが、彼にとっては図らずも良い「予行演習」となったわけだ。

一方、私はというと、「ツアー」そのものには満足しつつも、どこか（　ウ　）。言い換えれば、「満足してしまった自分」、すなわち実際に「行った気になっている自分」に違和感を覚えたのである。あれほど行ってみたかったニュージーランドへの憧れが若干冷めているのを正直否めなかった。

確かに今回のオンライン・ツアーは「いいとこ取り」の「いいことずくめ」であった。南半球にいるはずなのに季節は日本と同じ真夏で、天気はいつも快晴。そして、どこを見ても絵葉書のように美しい風景。目にするもの全てが珍しく、体験すること全てが楽しい。それは「ツアー」を提供する側がそのように「映像」を都合よく切り取り編集しているから当然なのだが、果たしてエそれで満足していてよいのだろうか。

思い返せば、私がかつて学生時代に感じていた旅の醍醐味は、きれいな景色や珍しい風物とは別のところにあった気がする。それは市井の人々と直に触れ合い、彼らの生の日常を知るという、実際に現地に行かなければ得られない貴重な体験だった。もちろん、そこにはリスクも伴う。不逞の輩に騙されそうになったり、物乞いに付きまとわれたり、見たくない現実も否応なく突きつけられる。だが、逆に思いがけない親切に感動することもある。そうした経験を含め、現地で五感を駆使して知覚し学んだことが、今の私の糧となっているように思うのだ。

リスクは不要、ひたすら安全で快適な旅行がしたいという人を非難するつもりはないし、斯く言う私も、いつのまにかそんな「大人」になってしまっていたのかもしれない。ただ、「かわいい子には旅をさせよ」という諺もあるように、「旅」とは本来、危険や困難を伴うものなのだ。今すぐというわけにはいかないが、息子が一人で旅行できる年齢になったら（あくまで本人の意思を確認したうえで）、そんな本当の「旅」に送り出してやりたいと思う。ひと回り成長して帰ってくる彼の姿を楽しみにして。

一　ア「窮余」、イ「圧巻」が表す意味として、最も適切なものをそれぞれ選んでください。

1　全体の中で最もすぐれた部分
2　劣勢から一気に巻き返すこと
3　強い衝撃や感動を与える物事
4　追い詰められ困り果てること

二　ウに入る言い方として、最も適切なものはどれでしょうか。

1　物足りなさを覚えていた
2　腑に落ちないものを感じていた
3　冷めた目で自分を見ていた
4　空しい気持ちになった

三　エ「それで満足していてよいのだろうか」と筆者が疑問を感じた理由として、最も適切なものはどれでしょうか。

1　オンライン・ツアーの映像は旅行会社が意図的に編集したもので、利用者を不快にするものは排除されているから。
2　VR映像がいかに現実感のあるものだとしても、視覚情報だけでは顧客の五感全てを満足させることはできないから。
3　現実の旅行には付き物である危険や困難を乗り越えなければ、本当の意味で「旅」をしたとはいえないから。
4　一般の人々と交流したり、彼らの実際の生活を見たりするなど、現地に行かなければ味わえない楽しみがあるから。

四　次の文のうち、この文章の内容と合っていないものはどれでしょうか。一つ選んでください。

1　筆者は、実際にオンライン・ツアーを体験してみるまでは、これはあくまで現実の旅行の代用品にすぎないと考えていた。
2　筆者は、今回利用した旅行会社のオンライン・ツアーの映像が、現地の様子を十分忠実に再現できていると感じた。
3　筆者は、いいことずくめのオンライン・ツアーが、現実の旅行に出ようと思う人をかえって減らすのではと危惧している。
4　筆者の考えによれば、旅先でその土地の人々の生活をよく知るためには、多少不愉快な思いをする覚悟も必要となる。

答案用紙

令和5(2023)年度 第1回

日本語検定

2級

注 意

1. 下の「受検者番号シール貼り付け欄」に、受検番号と氏名が書いてある受検者番号シールを貼り付けてください。
2. 答案用紙は裏面まで続いていますので、注意してください。
3. 読みやすい字で、枠からはみ出さないように記入してください。
4. 間違えたところは、消しゴムを使用して、きれいに消してから記入してください。

受検者番号シール貼り付け欄

受検者番号シールを
貼ってください。

特定非営利活動法人
日本語検定委員会

記入例

1

1・3

番号で答えるときは、このように算用数字で記入してください。

問1

一

二

三

問2

一

二

三

四

問3

一

二

三

四

問4

ア

イ

ウ

エ

オ

カ

キ

ク

問5

ア

イ

ウ

エ

オ

カ

問6

一

二

三

四

五

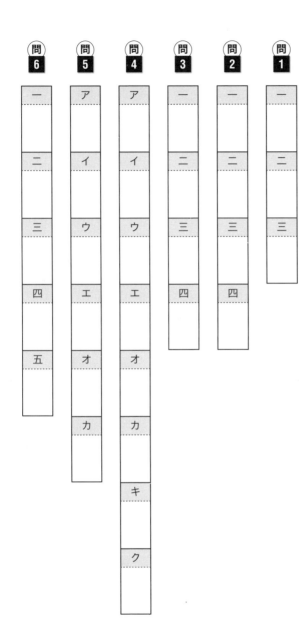

問 7

一
二
三
四

問 8

一
二
三
四
五
六

問 9

一
二
三
四

問 10

一
二
三
四

問 11

一
二
三
四

問 12

ア
イ
ウ
エ
オ

カ
キ
ク
ケ
コ

サ
シ
ス
セ
ソ

タ
チ
ツ

第1回　答案用紙

問13
一
二
三
四
五

問14
一
二
三
四
五

問15
一
二
三
四
五

問16
一
ア
イ
二
ア
イ
三
ア
イ
四
ア
イ
五
ア
イ

問17
一
二
三

問18
一
ア
イ
二
三
四

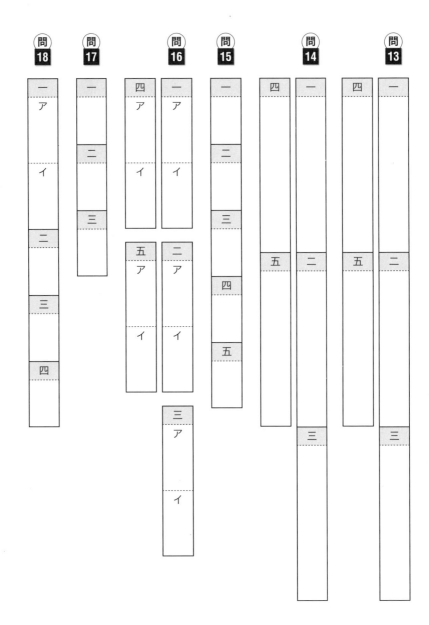

問1 ［敬語］

解答　一…3　二…1　三…2

解答のポイント　改まった場面での会話表現に特有の、文脈に合った適切な語を選ぶ問題である。多く、場面や状況に応じた常套的な語句が用いられる点に注意したい。

一　将来あることが実現する時や場合のことをいう、3「暁」が適切。実現するかどうかは分からないが、というニュアンスを含む言い方で、自分の願望を控えめに述べる際に多く用いる。1「折」は、ある特定の時点や時節のこと。願望の実現というニュアンスは含まないうえに、「入社の折」と言った場合、入社するその時（だけ）という意味になってしまうので不適切。2「砌」は、「折」の改まった言い方なので、同様に不適切。

二　会の終了を婉曲にいう言葉である、1「お開き」が適切。2「お仕舞い」は、物事が終わることの直截な言い方で、問題文のように今後の発展を祈念する場面や、結婚式のようなめでたい席などでは使用を避けるべき「忌み言葉」とされている。3「結び」も、物事の終わりをいう言葉だが、「結びとしたい」は主に文章の締めくくりに用いられる言い方で、会の終了の意味で用いられることは一般にない。

三　その物事についての知識が乏しい様子を表す、2「疎い」が適切。「世事に疎い」は、世の中の出来事や世間のしきたりをよく知らない様子で、自分は未熟で世間知らずであるという謙遜の意を表す際に多く用いる。他の選択肢が「世事に」と結び付いて用いられることは一般にない。

問2 【敬語】

解答 一…1　二…2　三…2　四…3

解答のポイント 相手や場面に応じた適切な敬語表現を問う問題である。いざという時に迷わないよう、尊敬語・謙譲語・丁寧語の区別を日頃から意識しておきたい。特に謙譲語については、行為の向かう先への敬意を表す謙譲語Ⅰと、話している相手への敬意を表す謙譲語Ⅱ（丁重語）との使い分けにも気をつけたい。（平成十九年　文化審議会答申「敬語の指針」を参照）

一　前半は、1と2が適切。3の「お越しになられる」は、「行く」の尊敬語「お越しになる」に「れる」という尊敬の助動詞を重ねた過剰敬語で不適切。後半は、「乗り継ぐ」という乗客の行為に、「お〜になる」という尊敬語の（可能の）形を用いている、1の「お乗り継ぎになれます」が適切。2の「お乗り継げます」は、「乗り継げる」という可能動詞の前に「お」を付けただけでは尊敬語にならないので不適切。3の「お乗り継ぎできます」は、「お〜する」という謙譲語Ⅰの（可能の）形を用いていて不適切。全体としては、1が適切。

二　初めの文は、1・2・3いずれも適切。後の文は、「言う」という自分の行為に、「申す」という謙譲語Ⅱを用いている、2の「申し伝えます」が適切。1の「申し上げます」は、「申し上げる」という謙譲語Ⅰを用い、身内である寺島氏への敬意を表している点が、取引先への応答として不適切。また、「電話してもらう」も、自分が寺島氏から恩恵を受けるかのような言い方で不適切。3の「お伝えします」は、「お〜する」という謙譲語Ⅰの形を用いていて不適切。全体としては、2が適切。

第1回　解答と解説

三　前半は、尊敬語も謙譲語も用いていない、2が適切。1の「ご企画した」は、「ご〜する」という謙譲語Ⅰの形を、「企画する」という、向かう先の相手がいない行為に用いていて不適切。3の「お取りやめになった」は、「お〜になる」という尊敬語の形を用いているが、主語は「プロジェクトが」であって「社長が」ではないので不適切。後半は、「知っている」という上役の行為に、「ご存じ(だ)」という尊敬語を用いている、2の「ご存じでしたら」と、3の「ご存じでいらっしゃいましたら」が適切。1の「存じておいででしたら」は、「存ずる」という謙譲語Ⅱを用いていて不適切。全体としては、2が適切。

四　初めの文は、1・2・3いずれも適切。後の文は、「飲食する」「持ち帰る」という客の行為に、「お〜になる」という尊敬語の形を用いている、3の「お召し上がりになりますか」「お持ち帰りになりますか」が適切。「お召し上がりになる」は、「飲食する」の尊敬語「召し上がる」を「お〜になる」の形に当てはめた、一種の二重敬語だが、慣用として認められている。1の「召し上がられますか」は、「召し上がる」に「れる」という尊敬の助動詞を重ねた過剰敬語で不適切。また、「お持ち帰りされますか」も、「お〜する」という謙譲語Ⅰの形に「れる」を付けていて不適切。2の「お持ち帰りいたしますか」は、客の行為に「お〜いたす」という謙譲語ⅠとⅡの複合形を用いていて不適切。全体としては、3が適切。

問3　[敬語]

解答　一…1　二…2　三…3　四…2

解答のポイント　挨拶状などの改まった文書に特有の、文脈に合った適切な語を選ぶ問題である。多く、場面や状況に応じた常套的な語句が用いられる点に注意したい。

一　１「ご叱正」が適切。「叱正」は、他人の書いた文章の誤りを厳しく正すこと。自分の書いた文章の不備を遠慮なく指摘してほしいと相手に求める際に、問題文のような形で多く用いる。２の「叱咤」は、大声で叱って励ますこと。３の「叱責」は、部下などの過失や不正を厳しくとがめること。２と３が「ご高見、～を請う」の形で用いられることは一般にない。

二　相手が自分のところへ「来る」ことの尊敬語、２「ご来駕」が適切。１の「来迎」は、臨終の際に、仏が極楽浄土へと迎えに来ること。３の「来賓」は、式典などに招待されて来る客。

三　３「ご懇篤」が適切。「懇篤」は、丁寧かつ心がこもっている様子。１の「懇親」は、打ち解けて仲良くすること。２の「懇意」は、親しく交際する様子。

四　２「お取り」が適切。「……の労をお取りくださる」は、自分のためにわざわざそうしてくれることをいう尊敬表現で、改まった礼状などで多く用いられる。他の選択肢が「……の労を～くださる」の形で用いられることは一般にない。

問４　［文法］

解答
ア…Ｃ　イ…Ａ　ウ…Ｄ　エ…Ｂ　オ…Ｂ
カ…Ｄ　キ…Ａ　ク…Ｃ

解答のポイント　「動詞の連用形＋ている」には、いくつかの意味・用法がある。ここでは、

A…ある動作が「進行」中であることを表す。
B…ある動作の「反復」が継続中であることを表す。
C…ある動作が過去の「経験」であることを表す。
D…ある動作の「結果」が継続中であることを表す。

という、四つの意味・用法を取り上げている。

ア　この町を視察に「訪れた」のは、上皇が皇太子時代に「経験」したことなので、Cと同じ。
イ　「勉強する」という動作が「進行」中であることを表すので、Aと同じ。
ウ　昨年ロンドンに「行った」妻が、「結果」として今もロンドンにいることを表すので、Dと同じ。
エ　朝礼を「行う」という動作が欠かさず「反復」されることを表すので、Bと同じ。
オ　地震が「起こる」という現象が頻繁に「反復」されることを表すので、Bと同じ。
カ　高田さんが退職した「結果」として、今も欠員が「生じた」状態であることを表すので、Dと同じ。
キ　小説を「読みふける」という動作が「進行」中であることを表すので、Aと同じ。
ク　最高賞《パルム・ドール》を「受賞した」のは、今村監督が生涯で「経験」したことなので、Cと同じ。

問5 ［敬語］

解答　ア…4　イ…1　ウ…3　エ…3　オ…4　カ…2

解答のポイント 社内の打ち合わせでのやりとりである。尊敬語と謙譲語の混同や混用、慣用表現の用い方などに気をつけたい。また、話している相手や話題の人物が同じ部署の人間か、別の部署の人間かなどにも注意したい。

ア 「お務めします」は、「お〜する」という謙譲語Ⅰの形を、「(司会を) 務める」という、向かう先の相手がいない行為に用いていて不適切。尊敬語も謙譲語も用いていない、**4**「務めます」が適切。**2**「お務め申し上げます」は、「お〜申し上げる」という謙譲語Ⅰの形を用いていて不適切。**3**「お務めいたします」も、「お〜いたす」という謙譲語ⅠとⅡの複合形を用いていて不適切。

イ 自分の部下である木村氏に紹介を頼むので、尊敬語も謙譲語も用いていない、「紹介してもらいます」は適切。**2・3・4**はいずれも、「もらう」の謙譲語Ⅰ「いただく」を用い、木村氏への敬意を表していて不適切。

ウ 「屈託のない」は、くよくよと気に病むことがなく、晴れ晴れとした様子を表す言葉で、「屈託のないご意見」という言い方は不適切。**3**を用いて、発言などについて率直で遠慮がない様子を表す、「忌憚のない」とするのが適切。**2**「忖度」は、相手の気持ちや置かれている状況を推し量ることで、上役である松本氏の行為について、本人を前に用いるのは不適切。**4**「予断」は、前もって結果を予測し判断することで、多く「予断を許さない」の形で用いられる。

エ タオ氏は開発部の人間であり、自分の部下ではないので、「タオに担当させます」や、**2**「タオに担当してもらいます」のような言い方は不適切。「タオさん」と「さん」付けで呼び、自分たちがデモンストレーションをタオ氏に担当して「もらう」ということに、「いただく」という謙譲語Ⅰを用いている、３「タオさんに担当していただきます」が適切。４「タオさんが担当させていただきます」は、「タオ氏に担当してもらう」という意味にならないうえ、タオ氏が担当させて「もらう」ということに「いただく」を用いていて不適切。

オ　「お答え願うことになりますが」は、自分が松本氏に「願う」ということに謙譲語Ⅰを用いていないうえ、「ことになります」が、相手に選択の余地を与えないような強い言い方で不適切。松本氏が「答えること」に「ご回答」という尊敬語を、自分が松本氏に「願う」ということに「お〜する」という謙譲語Ⅰの形を用い、さらに「かもしれませんが」と控えめに願望を述べている、４「ご回答をお願いするかもしれませんが」が適切。２は、「ことになります」を用いていて不適切。３は、「お答え願う」が謙譲語Ⅰを用いていないので不適切。

カ　「お見せくださ い」は、「お〜くださる」という尊敬語の形を用いているが、「見せる」という行為の向かう先である松本氏への敬意が表されていないので不適切。「お〜する」という謙譲語Ⅰの形を用いている、２「お見せしてください」が適切。３の「お見せしてあげて」と、４の「見せて差し上げて」はいずれも、松本氏に対して恩を着せるような言い方で不適切。

問６　［文法］

解答　一…×　二…○　三…×　四…×　五…○

解答のポイント　表現内容を意図したとおりに正確に伝えるためには、多様な解釈の生じる余地がないようにすることが望まれる。特に、文中の構成要素間の修飾・被修飾の関係が一義的にしか捉えられ

ないようにしたい。多様な解釈を排除する方法として、文脈を明確にするための適切な語句を補ったり、語順や読点の打ち方に留意したりすることが挙げられる。

一　「大阪の大学を卒業した後に地元に戻り」が、「（同じ会社に）勤めていた」にかかるとも、「結婚した」にかかるとも解釈できる。後者の場合、「大阪の大学を卒業した後に地元に戻った」のは「細野さん」ということになり、前者の場合、「今の夫人」ということになる。

二　「今年こそ大幅な賃上げを勝ち取ると息巻いていたが」とあることから、「例年どおり」なのは、「大きな成果を得る」ことではなく、「得られない」ことだと判断できる。したがって、複数の解釈は生じない。

三　「猫の好きな人間」が、「猫を好む人間」とも、「猫が好む人間」とも解釈できる。

四　「（昨日、）レコード店に寄ったとき」が、「（先輩に）薦められた」を修飾するとも、「（ＣＤを）買ってみた」を修飾するとも解釈できる。前者の場合、一緒に「レコード店に寄った」先輩に、その場でＣＤを「薦められた」ということになる。後者の場合、「先輩に（ＣＤを）薦められた」のが、「昨日、レコード店に寄ったとき」よりも前のことだったという解釈も可能となる。

五　意味のうえから、「退職したら」が修飾するのは「登りたい」に限定され、「言っている」を修飾するという解釈は成り立たない。つまり、「高橋さん」が「言っている」内容は、「退職したら昔の登山仲間とキリマンジャロに登りたい」ということであり、それ以外の解釈は生じない。

問7 [語彙]

解　答　一…1　二…3　三…6　四…8

解答のポイント　「音読みの漢字一字＋する」の形をとる動詞の意味を問う問題である。慣用的に特定の名詞と、助詞「を」や「に」を介して結び付くことが多いので、辞書などで意味や用法を確認するようにしたい。

一　1「帰し（た）」が適切。「帰する」は、何らかの過程を経た結果、ある場所や状態に行き着くこと。

二　3「体《たい》し（て）」が適切。「体する」は、人の教えや意向などをしっかりと理解し、それを守って行動すること。

三　6「徴し（た）」が適切。「徴する」は、主に官から民に対して、情報や物品、労働力などの提供を求めること。

四　8「弄し（て）」が適切。「弄する」は、相手を騙すなどの不純な目的のために様々な手段を用いること、また、時間を潰すためにいろいろと無駄な言動をすること。

問8 [語彙]

解　答　一…1　二…2　三…4　四…2　五…3　六…2

解答のポイント　類義語と対義語について問う問題である。個々の語の意味・用法をよく考えて、適切なものを選ぶようにしたい。

一 「解雇」は、雇用者の側から被雇用者との契約を解除すること。雇用者の都合で一方的に被雇用者を辞めさせることをいう、1「馘首《かくしゅ》」が意味の最も類似した語。2「頓首《とんしゅ》」は、改まった手紙に使われる結語の一つで、原義は、頭を地面にすりつけて相手への敬意を表すこと。3「鳩首《きゅうしゅ》」は、人々が寄り集まって相談すること。4「落首」は、主に匿名の落書きとして残された、世相などを風刺した昔の詩歌。

二 「注視」は、関心を持って注意深く見守ること。強い興味を持って、目をこするようにしてよく見ることをいう、2「刮目《かつもく》」が意味の最も類似した語。1「留意」は、ある物事を忘れることがないように気をつけること。3「顧慮」は、周囲の事情などに気を配り、考えに入れること。4「詮索」は、細かすぎると思われるところまで探ろうとしたり、臆測したりすること。

三 「デマ」は、「デマゴギー」の略で、根拠のない噂話の意。特に政治的な意図で民衆を扇動するために流すものをいう。人々の間で噂される、真偽の定かでない話をいう、4「流言」が意味の最も類似した語。1「悪評」は、その人や物事にまつわる悪い評判。2「虚構」は、事実ではなく想像によって作られた物語や世界。3「欺瞞」は、嘘やごまかしによって人を騙すこと。

四 「訥弁《とつべん》」は、ぎこちなく喋ること、また、その様子。よどみなく巧みに話すこと、また、その様子をいう、2「能弁」が対照的な意味を表す語。1「強弁」は、筋の通らないことを、無理な理屈をつけて言い張ること。3「多弁」は、上手下手はともかく、よく喋ること、また、その様子。4「詭弁」は、本来、道理に合わないことを、もっともらしく言いくるめるような弁舌や議論。

五　「退嬰《たいえい》」は、従来のやり方にただ従うだけで、新しい物事を取り入れようという意欲に欠けること。慣習や前例にとらわれず、積極的に新しい物事に取り組むことをいう、3「進取」が対照的な意味を表す語。1「進捗」は、物事がはかどり、順調に先へ進んでいくこと。2「進歩」は、物事が望ましい方向へと発展していくこと。4「進化」は、物事が段階的に複雑なもの、あるいはすぐれたものへと変化すること。

六　「寛容」は、広い心で他人を優しく受け入れる様子。心が狭く、他人を受け入れる余裕がない様子をいう、2「狭量」が対照的な意味を表す語。1「強硬」は、自分の意見などをあくまでも押し通そうとする様子。3「驕慢」は、おごり高ぶって、他人を見下す様子。4「怯懦」は、臆病で意志が弱い様子。

問9 【言葉の意味】

解答　一…1　二…3　三…2　四…1

解答のポイント　**文脈に合った適切な語を選ぶ問題である。この種の語には、常套的・慣用的に結び付きの決まっているものもあることに注意したい。**

一　1「動かない」を入れて、「食指が動かない」とするのが適切。「食指」は、人差し指の意。ある物がほしいとか、あることがしたいとかという気持ちが起こることを、「食指が動く」という。他の選択肢が「食指が」と結び付いて同様の意味を表すことは一般にない。

二　3「かかわる」を入れて、「沽券にかかわる」とするのが適切。「沽券」の原義は、土地や家屋の売り渡し証書。転じて、今日では、世間に対して保ちたい品位や体面の意を表し、それらに差し支えることを、「沽券にかかわる」という。他の選択肢が「沽券に」と結び付いて同様の意味を表すことは一般にない。

三　2「目くじら」を入れて、「目くじらを立てて」とするのが適切。「目くじら」は、目尻の意。他人の些細な過誤や欠点を取り立ててとがめることを、「目くじらを立てる」という。他の選択肢が「〜を立てる」と結び付いて同様の意味を表すことは一般にない。

四　1「因果」を入れて、「因果を含めて」とするのが適切。「因果」は、原因と結果、また、運命として受け入れざるを得ない不幸の意。相手によくよく事情を説明して、そうするよりほかにないのだと納得させようとすることを、「因果を含める」という。他の選択肢が「〜を含める」と結び付いて同様の意味を表すことは一般にない。

問10 【言葉の意味】

解答　一…3　二…2　三…1　四…1

解答のポイント　言葉の適切な用法を問う問題である。理解面では、文脈に依存した解釈で何とか済ませていても、表現面に応用するとなると、適切に使うことのできない言葉は意外に多い。日頃から辞書に当たるなどして、意味・用法を的確に把握しておくように心がけたい。

一　「口幅ったい」は、身の程をわきまえず、生意気なことを言う様子。多く、3のような形で、立場が上の人などに対し謙虚に意見を述べる際の前置きとして使う。1は、「持って回った」などとするのが適切な文。2は、「口に出せない」などとするのが適切な文。

二　「係累」は、自分が面倒を見なければならない家族のこと。2の使い方が適切。1は、「しがらみ」などとするのが適切な文。3は、「旧弊」などとするのが適切な文。

三　「瓢箪から駒」は、思わぬことがきっかけで、にわかには信じられないような結果が起こること、また、冗談のつもりで言ったことが現実になることのたとえ（この場合の「駒」は、馬の意）。1の使い方が適切。2は、「晴天の霹靂《へきれき》」などとするのが適切な文。3は、「鳶《とんび》が鷹を生ん（だと）」などとするのが適切な文。

四　「愁眉を開く」は、状況が好転して、やっと安心すること。1の使い方が適切。2は、「眉を曇らせ（た）」などとするのが適切な文。3は、「相好《そうごう》を崩し（た）」などとするのが適切な文。

問11 【言葉の意味】

解答　一…3　二…4　三…1　四…6

解答のポイント　**主に文章語として使われる和語の形容詞の意味を問う問題である。**

一　3「きなくさい」は、紙や布などが焦げるにおいがする様子、転じて、今にも武力紛争や暴力事件などが起こりそうな緊張感が感じられる様子で、「不穏な」とほぼ同じ意味を表す。

二　4「かまびすしい（喧しい）」は、大きな声や物音を立てる、あるいは、しきりに噂をするなどして人心を乱す様子で、「騒がしい」とほぼ同じ意味を表す。

三　1「おもはゆい（面映ゆい）」は、大袈裟に褒められるなどして、恥ずかしく思う様子で、「照れくさい」とほぼ同じ意味を表す。

四　6「いとけない（稚い）」は、まだ年が小さく、あどけない様子で、「幼い」とほぼ同じ意味を表す。

問12【表記】

解答

ア…○　イ…○　ウ…×　エ…○　オ…×　カ…×　キ…○　ク…×
ケ…○　コ…○　サ…○　シ…×　ス…×　セ…×　ソ…×　タ…○
チ…×　ツ…○

解答のポイント　**漢字表記の誤りを指摘する問題である。文脈に合った適切な漢字の用法を身につけるようにしたい。**

ア　**情景**…適切な表記。
イ　**韻を踏む**…適切な表記。
ウ　**特意**…同類の他のものと比べて際立った特徴がある様子で、「特異」が適切な表記。
エ　**源流**…適切な表記。
オ　**朔り**…時間の流れを逆に辿って、過去あるいは物事の始まりへと戻ることで、「遡《さかのぼ》り」が適切な表記。

カ　**確率**…基本となる仕組みや構造などが、しっかりと定まることで、「確立」が適切な表記。

キ　**交互**…適切な表記。

ク　**僧呂**…「僧侶」が適切な表記。狭義では、出家して仏道修行を行う人を指す呼称だが、時に、他の宗教の聖職者にも用いられる。

ケ　**並行**…適切な表記。

コ　**滑稽味**…適切な表記。

サ　**庶民**…適切な表記。

シ　**絶える**…そうするだけの価値を十分に有することで、「堪える」が適切な表記。

ス　**誕を発した**…そこから新たに物事が始まることで、「端を発した」が適切な表記。

セ　**修字法**…言葉を美しく巧みに用いて効果的に表現する技法のことで、「修辞法」が適切な表記。

ソ　**余剰**…物事が終わった後まで残る、しみじみとした味わいのことで、「余情」が適切な表記。

タ　**精力的**…適切な表記。

チ　**制訳**…一定の条件や枠組みによって言動に制限を加えることで、「制約」が適切な表記。

ツ　**特長**…適切な表記。

問13　［表記］

解答　一…転嫁　二…（不偏）不党　三…成算　四…鎮痛　五…深窓

解答のポイント　パソコンなどでの入力では、手書きでは考えられないような誤りが生じることがある。特に、同じ読み方をする言葉に注意が必要である。

一　「**転嫁**」が適切な表記。自分の側の責任や負担を他者に負わせること。「添加」は、何らかの効果を意図して、ある物質に別の物質を付け加えること。

二　「**不党**」が適切な表記。「不偏不党」は、特定の主義主張や政治勢力に肩入れせず、中立の立場を貫くこと。「不等」は、数値などが等しくないこと、また、配分などが均等ではない様子。

三　「**成算**」が適切な表記。その物事が成功する見込み。「生産」は、生活に必要な物品など（特に商品）を作り出すこと。

四　「**鎮痛**」が適切な表記。体の痛みを抑え、楽にすること。「沈痛」は、深い悲しみや深刻な悩みの中にあって、見るからに痛々しい様子。

五　「**深窓**」が適切な表記。広い屋敷の奥にある部屋のこと。俗世間から隔離して大切に育てられた上流階級の娘を指して、「深窓の令嬢」という。「深層」は、物事の奥深くにあって、容易には知ることのできない部分。

問14　［漢字］

解　答　一…こうちゃく　二…はんも　三…ついしょう　四…しろ　五…うず

解答のポイント　漢語や和語の漢字の読みを問う問題である。知っている音訓や偏・旁《つくり》から予想できる読み方を勝手に適用すると、思わぬ読み誤りをすることがある。語の意味と読み方の両方を理解するために、辞書を必ず引くようにしたい。

一　「膠着」（こうちゃく）は、物事がある状態に留まったまま進展しないこと。

二　「繁茂」（はんも）は、草木が一面に生い茂ること。

三　「追従」（ついしょう）は、相手の機嫌をとること、また、そのための言葉。「お追従」の形で用いられることも多い。この場合、「ついじゅう」とは読まない。

四　「代」（しろ）は、何かの代わりになるもの、特に「代金」の意で、接尾語的に用いられる。近年、「飲み代」は「のみだい」と読まれることも多いが、辞書に見出し語として記載されている読み方は「のみしろ」である。

五　「疼（く）」（うずく）は、傷などがずきずきと脈打つように痛むこと。

問15　【漢字】

解答　一…2　二…3　三…2　四…1　五…3

解答のポイント　四字熟語の適切な表記を問う問題である。正しい表記を記憶に留めておくことは、思い込みや勘違いで捉えている意味を正すうえでも大切なことである。

一　2「衣」が適切。「一衣帯水（いちいたいすい）」は、国などが河川や海峡を隔てて隣接していること。

二　3「唯」が適切。「唯唯諾諾（いいだくだく）」は、事の良し悪しにかかわらず、他人の言いなりになること。

三　2「傍」が適切。「傍目八目（おかめはちもく）」は、当事者よりも第三者のほうが、状況を広い視野で客観的に捉えて的確な判断ができるということ。「岡目八目」とも書く。囲碁に由来する言葉で、「八目」の「目」は、碁盤の「目」のこと。

四　1「家」が適切。「自家撞着（じかどうちゃく）」は、同じ人物の言動が、前後で矛盾していること。この場合の「自家」は、自分自身の意。

五　3「臂」が適切。「八面六臂（はちめんろっぴ）」は、八つの顔と六本の腕の意。転じて、一人で数人分の活躍をすること、また、多方面に才能を発揮することをいう。「三面六臂」という言い方もある。

問16 【漢字】

解答　一　ア…1　イ…4　二　ア…2　イ…2　三　ア…1　イ…3

四　ア…4　イ…3　五　ア…3　イ…1

解答のポイント　語の意味に応じた漢字の使い分けを問う問題である。同音の漢字は多数あり、意味に応じて適切に用いなければならない。字形が似ていたり意味に共通する面があったりする漢字は、特に注意を要する。

一

ア…1「塞」が適切。「閉塞感」は、苦しい、あるいは希望のない状況の中に閉じ込められているような感覚。

イ…「測」を入れて「臆測」とするのが適切なので、4が正答となる。「臆測」は、根拠もなく、ただ想像しただけのいい加減な推測。

二

ア…2「鋒」が適切。「急先鋒」は、思想運動や社会運動などにおいて、先頭に立って積極的に行動する人。

イ…2「鋒」が適切。「舌鋒」は、鋭い論説などを刃物の切っ先にたとえた言い方。多く「舌鋒鋭い」の形で用いられる。

三

ア…1「伯」が適切。「伯仲」は、長兄と次兄の意。転じて、両者の力量にほとんど差がなく、優劣がつけられないことをいう。

イ…3「剝」が適切。「剝落」は、表面にあった塗料などがはがれ落ちること。

四

ア…「旧」を入れて「旧交」とするのが適切なので、4が正答となる。「旧交」は、昔（から）の交際。昔の友人・知人と再会して、再び親しく交際することを、「旧交を温める」という。

イ…3「窮」が適切。「無窮」は、時間の流れや空間の広がりが無限であること、また、その様子。

五

ア…3「託」が適切。「嘱託《しょくたく》」は、正規の社員・職員ではなく、契約期間や職務を限定して雇用されている人。

イ…1「托」が適切。「托鉢《たくはつ》」は、修行僧が経文を唱えながら家々を回り、食事などの施しを受けること。

問17 ［総合問題］

解答 一…4　二…3　三…2

解答のポイント 文脈に合った一文をそれぞれの空欄に補い、論の展開に無理がない文章を完成させる問題である。

一　すぐ後に「実際、後者の例を『意味を強調し明確にする表現技法』と見なし、許容とする辞書もある」とあることから、空欄には、「一番最初に」や「あらかじめ予定する」といった重言は「意味を強調し明確にする表現技法」として肯定的に捉えることができるという趣旨の一文が入ると考えられる。したがって、4「むしろ、単に『最初に』とか『予定する』などと言われるより余程、その意味がよく伝わると感じる向きもあるだろう。」が、第三段落の「『一番』や『あらかじめ』は、希釈された『最』や『予』の意味を改めて補っている」という記述にもつながり、適切である。1・2・3は、いずれも重言が「意味を強調し明確にする表現技法」として肯定できる場合もあることに言及しておらず、「実際～」以下につながらないので不適切。

二　筆者は第一段落で、「ファスト映画」投稿者への判決について述べているが、続く第二段落の「著作権侵害に加担している」「映画のあらすじだけを把握したり、ハイライトシーンだけを抜粋して視聴したりする」は、いずれも「ファスト映画」投稿者ではなく、それを動画共有サイト上で視聴する人々のことを言っている。この二つの段落をつなぐ一文として、空欄には、3「それよりも私が問題視したいのは、こうした違法なビジネスを成立させている無数の『利用者』の思考と行動である。」

が入るのが、第三段落の「作品を単なる『情報』として処理することに疑問を覚えない多数の人々」という記述にも対応し、適切である。1・2・4は、いずれも「ファスト映画」の「利用者」のことを取り上げていないので不適切。

三　筆者は第一段落と第二段落で、赤ん坊の泣き声に寛容で、他人の赤ん坊でもあやしてくれる人が珍しくなかった、かつての日本社会と、赤ん坊の泣き声に非寛容になり、「ワンオペ育児」の母親がなおざりにされている現状とを対比している。そして、第三段落では、「人間の赤ん坊が大声で泣くのは、母親だけでなく周囲の者皆にアピールするためで、これは人間独特の行動だ」という説を紹介している。この説を援用しつつ、前半で提起した問題についての結論を述べる一文として、空欄には、2「だとすれば、昨今の『ワンオペ育児』の常態化は、本来の人間社会の在り方に反する異常な事態なのではないだろうか。」が入るのが適切である。1は、「ワンオペ育児」に「集団より個人を尊重するという意味」を見出す根拠が不明なので不適切。第二段落の「泣き止ませるのが母親の仕事」という反論は、「赤ん坊は泣くのが仕事」だとすれば、という前提に立った（逆手に取った）もので、どちらが正しいかという二者択一の議論ではないので、3は不適切。4は、公共交通機関内での赤ん坊の泣き声が論争の種となることで、「育児への社会の関心」が喚起されることを比喩的に言っていると考えられるが、「『ワンオペ育児』を等閑視する風潮」などの現状に鑑みて、やや無理がある見方なので不適切。

問18［総合問題］

解答　一　ア…4　イ…1　二…2　三…4　四…3

解答のポイント　文章の的確な読み取りを通して、文脈に合った語句や文相互の論理的な関係、文章全体の趣旨などを考える問題である。文章の趣旨が何であるかを見極めながら、細部に気を配って読むことが大切である。

一　**ア**「窮余」は、それ以上何かをする余地がなくなって、物事が行き詰まること。多く「窮余の（一）策」の形で用いられ、ほかにどうしようもなく、苦し紛れに思いついた方策をいう。したがって、**4**「追い詰められ困り果てること」が適切。

イ「圧巻」は、物語や楽曲などにおいて人々が最も感心する箇所、また、並列する同類の物事の中で最もすぐれているもの。ここでは、ニュージーランドへのオンライン・ツアーの中で、最も心を動かされたところという意味で用いられている。したがって、**1**「全体の中で最もすぐれた部分」が適切。

二　すぐ後に「言い換えれば」とあることから、**ウ**を含む文と次の文とは、ほぼ同じ意味を表すような言い方になると考えるのが妥当である。選択肢の中では、**2**「腑に落ちないものを感じていた」が、次の文の「違和感を覚えた」に最も近い意味を表し、適切である。**1**「物足りなさを覚えていた」は、すぐ後の「満足してしまった自分」という記述と矛盾するので不適切。**3**「冷めた目で自分を見ていた」と、**4**「空しい気持ちになった」は、いずれも「違和感を覚えた」と言い換えられる事柄ではないので不適切。

三　すぐ後の第六段落に「私がかつて学生時代に感じていた旅の醍醐味は……市井の人々と直に触れ合い、彼らの生の日常を知るという、実際に現地に行かなければ得られない貴重な体験だった」とあることから、筆者はそのような（オンライン・ツアーでは得られない）楽しみが現実の旅にはあると考えていることが分かる。したがって、**4**「一般の人々と交流したり、彼らの実際の生活を見たりするなど、現地に行かなければ味わえない楽しみがあるから。」が適切。**1**「オンライン・ツアーの映像は旅行会社が意図的に編集したもので、利用者を不快にするものは排除されているから。」は、現地に行かなければ得られない「旅の醍醐味」について述べた第六段落の主旨から外れているので不適切。**2**「VR映像がいかに現実感のあるものだとしても、視覚情報だけでは顧客の五感全てを満足させることはできないから。」は、視覚以外の感覚も満足させることが筆者の考える「旅の醍醐味」ではないので不適切。**3**「現実の旅行には付き物である危険や困難を乗り越えなければ、本当の意味で『旅』をしたとはいえないから。」は、筆者は危険や困難を乗り越えることが「旅」の本来の目的あるいは必須の条件だと言っているわけではないので不適切。

四　**1**「筆者は、実際にオンライン・ツアーを体験してみるまでは、これはあくまで現実の旅行の代用品にすぎないと考えていた。」は、第三段落に「コロナ禍の中での『代替案』であったはずのオンライン・ツアーが、彼（息子）にとっては図らずも良い『予行演習』となった」とあるので、合っている。**2**「筆者は、今回利用した旅行会社のオンライン・ツアーの映像が、現地の様子を十分忠実に再現できていると感じた。」は、第二段落に「街並みや山並み、青い空から緑の草原に至るまで見事に細かく再現された風景が広がっていた」とあるので、合っている。第四段落から第五段落にかけて筆者は、「いいことずくめ」のオンライン・ツアーに「満足してしまった自分」に対して、「それで満足していていてよいのだろうか」と疑問を呈しているが、他の人々がオンライン・ツアーをどう感じているかということについては、本文中で特に述べていない。したがって、３「筆者は、いいことずくめのオンライン・ツアーが、現実の旅行に出ようと思う人をかえって減らすのではと危惧している。」は、この文章の内容と合っていない。４「筆者の考えによれば、旅先でその土地の人々の生活をよく知るためには、多少不愉快な思いをする覚悟も必要となる。」は、第六段落に「そこ（市井の人々の生の日常を知ること）にはリスクも伴う……見たくない現実も否応なく突きつけられる」とあるので、合っている。

検定問題

令和5（2023）年度 第2回

日本語検定

2級

受検上の注意

1. 問題用紙は、検定監督者の合図があってから開いてください。
2. 乱丁や著しい汚れがある場合は取り替えますので、直ちに検定監督者に申し出てください。
3. 答案用紙に、受検番号と氏名が書いてある受検者番号シールを貼り付けてください。
（線で囲んである「受検者番号シール貼り付け欄」に貼り付けてください。）
4. 問題内容についての質問には答えられません。
5. 途中退場する場合は挙手をして、検定監督者に申し出てください。

●検定実施：2023 年 11 月 11 日

●受検時間：60 分

特定非営利活動法人
日本語検定委員会

問1

【　　】のようなとき、それぞれの（　　）部分はどのような言い方をすればよいでしょうか。最も適切なものを選んで、番号で答えてください。

一　【上役から、旅行先で撮った写真を見せてほしいと言われて】

ほんの（　　）かとは存じますが、よろしければ今度ご覧に入れます。

［ **1** お目こぼし　**2** お目もじ　**3** お目汚し ］

二　【来客に茶を出す際、その客の手土産の菓子を一つ添えて】

（　　）で恐縮ですが、どうぞ召し上がってください。

［ **1** お持たせ　**2** お使い物　**3** お裾分け ］

三　【他社との交渉について、担当の部長が社長に助言を求めて】

すでに（　　　　）のことと存じますが、A社との交渉が難航しておりまして、その件でご相談してもよろしいでしょうか。

［ **1** お聞き及び　**2** お耳入り　**3** ご賢察 ］

第2回　問題

問2

【　　　】のようなとき、どのように言うのがよいでしょうか。一～四それぞれについて、最も適切なものを選んで、番号で答えてください。

一【商談の場で、自分の上役が同席することになったと相手に告げて】

1　本日は部長の村上も同席いたします。すぐに伺いますので、もうしばらくお待ちください。
2　本日は部長の村上も同席させていただきます。じきに参りますので、もう少々お待ちになってください。
3　本日は村上部長もご同席いたします。間もなくおいでになりますので、今しばらくお待ちしてください。

二【秘書が社長に、営業部長からの用件を伝えて】

1　長沢部長が、お客様が見えたので、第一応接室までいらしてくださいとおっしゃっています。
2　長沢部長が、お客様が見えられたので、第一応接室までいらしてほしいとおっしゃられています。
3　長沢部長が、お客様がお見えになったので、第一応接室にお越しくださいと申しています。

三

【コールセンターの自動音声で】

1 ただ今、電話をおつなぎしにくい状況となっております。ご不便をおかけして痛み入ります。

2 ただ今、電話がつながりにくい状況となっております。ご不便をおかけして申し訳ございません。

3 ただ今、お電話がつながりにくい状況となってございます。ご不便をおかけして恐れ入ります。

四

【市民講座の美術史の講師が、受講者からの質問に答えた後で】

1 なお、最初に申しましたように、これはあくまで私の拝察ですので、断言はできかねます。

2 なお、最初に申し上げましたように、これはあくまで私の推察ですので、断言はいたしかねません。

3 なお、最初にお話ししましたように、これはあくまで私の推測ですので、断言はいたしかねます。

問3 【　　】のようなとき、それぞれの（　　）部分はどのような言い方をすればよいでしょうか。最も適切なものを選んで、番号で答えてください。

一 【知人への手紙の冒頭で】

晩秋の候、高木様におかれましては益々（　　）のこととお喜び申し上げます。

［1 ご隆昌　2 ご盛栄　3 ご清祥］

二 【取引先へのメールで、納期の遅れを詫びて】

以後、十分に注意いたしますので、今回に限っては何とぞ（　　）くださいますようお願い申し上げます。

［1 ご寛解　2 ご放念　3 ご海容］

三 【上役からもらった病気見舞いの手紙への返信で】

この度はお心のこもった（　　）を賜り、篤く御礼申し上げます。

［1 ご芳書　2 ご親書　3 ご叢書《そうしょ》］

四 【自宅を訪ねてくれた先輩に、後日礼状で】

先日はお忙しい中、私どもの（　　）にお立ち寄りくださり、ありがとうございました。

［1 閑居　2 寓居　3 蟄居《ちっきょ》］

問4

副助詞「か」には複数の意味・用法があります。ア～クの――部分の「か」は、A～Cの例文のどれと同じ意味・用法でしょうか。それぞれ記号で答えてください。

A――誰か、この荷物を運ぶのを手伝ってくれ。
B――風邪を引いたのか、昨日から少々熱っぽい。
C――今夜のおかずは肉か魚、どちらにしよう。

ア　私が今朝、出勤しようとすると、ゆうべ息子が磨いてくれたのか、革靴がぴかぴかになっていた。
イ　来週は水曜日か金曜日の午前中なら空いているから、君のほうで日時を決めてくれ。
ウ　セミナーの講師は、生成ＡＩによる著作権侵害について、いくつか例を挙げて説明した。
エ　さっきまで席にいたはずの部長が、いつの間にかいなくなっている。
オ　川瀬専務の年齢を考えると、次期社長は高橋常務か三島常務で間違いないだろう。
カ　彼はむしろ口下手なほうなのに、なぜか顧客の評判がよく、営業成績はいつもトップだ。
キ　最近、気のせいか、塩田さんの私に対する態度が急によそよそしくなった。
ク　せっかくいいデザインのＴシャツなのに、サイズがＸＬかＳしか残っていない。

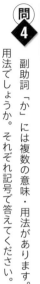

問5

次の会話は、入社三年目の吉田さんが、他部署への異動を打診された際のものです。同席したのは、専務の北村さん、海外事業部長の山下さん、吉田さんの上役で企画部長の堀川さんです。**ア**～**カ**の――部分の言葉遣いは適切でしょうか。適切である場合には**1**を、適切でない場合には最も適切なものを**2**～**4**から選んで、番号で答えてください。

【北村】早速ですが、今日来ていただいたのはほかでもありません。吉田さんには来月から海外事業部に異動し、新規プロジェクトのリーダーになっていただきたいのですが。

【吉田】プロジェクト・リーダーですか。抜擢していただいたことは**ア**案外の喜びですが、新米の私に務まるでしょうか。

【北村】その点は心配ないでしょう。吉田さんは企画部の若手の中でも特に優秀だと聞いていますよ。

【堀川】ええ。彼女はこの三年の間にいくつものヒット商品のアイディアを**イ**出してくれました。新規プロジェクトのリーダーに適任だと思います。

【吉田】**ウ**お褒めにあずかり恐縮です。ちなみに、新規プロジェクトというのはどのようなものか、お聞かせいただきたいです。

【山下】主にヨーロッパの有機農家からの買い付けです。これからはオーガニック商品に力を入れたいので。吉田さんはフランスに**エ**ご留学されたことがあるそうですね。

【吉田】留学というほどのものではありませんが、ワーキングホリデーでブドウ栽培を経験し、現地の有機農家の方々とも交流を持ちました。また、農閑期は語学学校に通って、フランス語を**オ**熟練いたしました。

【山下】それは頼もしいですね。大いに期待していますよ。

【吉田】ありがとうございます。カご期待に沿えないかもしれませんが、最善を尽くします。

【北村】では、話を進めておきましょう。吉田さん、新天地でも頑張ってくださいね。

ア……1 （適切である）
2 心外
3 望外
4 存外

イ……1 （適切である）
2 出していただきました
3 出してくださいました
4 お出ししてくださいました

ウ……1 （適切である）
2 お聞かせください
3 伺ってもいいでしょうか
4 お伺いできますか

エ……1 （適切である）
2 留学された
3 ご留学なさられた
4 ご留学になられた

オ……1 （適切である）
2 学びました
3 お勉強いたしました
4 学ばせていただきました

カ……1 （適切である）
2 まだまだ役不足ではありますが
3 多々、至らぬ点があるかもしれませんが
4 正直、自信はありませんが

問6 一〜五には、文を構成する要素間の文法的、また意味的な関係から、いくつかの異なる解釈が可能なものが含まれています。それぞれの文が一通りの解釈に限られる場合には ○ を、複数の解釈が生じる場合には × を解答欄に記入してください。

一 投票日前日、駅前で街頭演説に立った新人候補は声を嗄《か》らしながら聞き入る有権者に支持を訴えた。

二 中井課長は先週、東北出張の際に、日本酒が好きな佐藤部長のために秋田の地酒を買って帰ったそうだ。

三 今回のシステム障害については、前回のように原因などの詳細は明らかになっていない。

四 以前、福田さんには姉と弟が二人いると本人から聞いた記憶がある。

五 先日、幼い頃に行った家族旅行の写真を両親と見返していたら、私が写っているものが少ないと、母が父に不平を言った。

問7 一～四の（　　）に入る言葉として最も適切なものを**1**～**8**から選んで、番号で答えてください。なお、同じ番号は一度しか使えないものとします。

一 廃校となった中学校の跡地に、マンションが四（　　）建設されることになったそうだ。

二 後日知ったのだが、南さんにいただいた羊《よう》羹《かん》は、一（　　）五千円もする高級品だった。

三 次の論文の準備のため、先行研究の論文を二十（　　）ほど読まないといけない。

四 男は上着の内ポケットに拳銃二（　　）を不法に携帯していたとして、現行犯逮捕された。

1 巻	**2** 戸	**3** 棹《さお》	**4** 膳
5 挺	**6** 張	**7** 棟	**8** 本

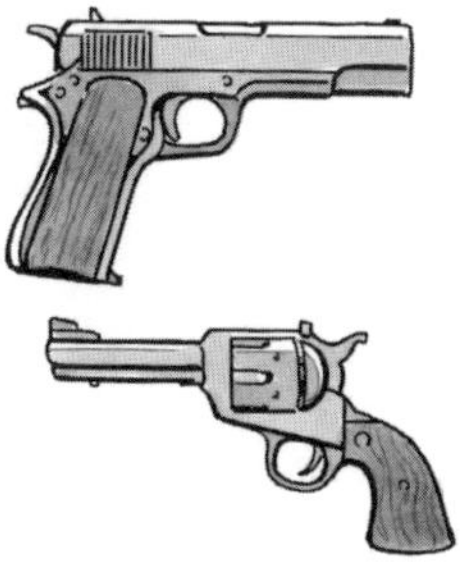

問8

──部分の言葉に対して、**一**〜**三**は置き換え可能な、意味の最も類似した語を、**四**〜**六**は（　　　）に入る、対照的な意味を表す語を選んで、番号で答えてください。

《意味の最も類似した語》

一　当時の関係者の一人が、我々の取材に対し、事件の一部始終を語ってくれた。

［**1** 経緯　**2** 推移　**3** 展開　**4** 顛末《てんまつ》］

二　重臣の石川数正が突然出奔し、秀吉方に寝返ったことで、徳川家中は大混乱となった。

［**1** 亡命　**2** 隠遁《いんとん》　**3** 離籍　**4** 逐電］

三　最新式の機械を導入したいのだが、メンテナンスにかかる費用も考えると、採算がとれそうにない。

［**1** 維持　**2** 修繕　**3** 改善　**4** 更新］

《対照的な意味を表す語》

四　ルールの遵守を訴えるだけでなく、（　　　）した者への厳しい罰則を設けなければ、実効性は薄い。

［**1** 違約　**2** 違背　**3** 背反　**4** 造反］

五　物事を性急に運びがちな課長と、何事にも（　　　）に構えている部長は、実に対照的なコンビだ。

［**1** 泰然　**2** 悠然　**3** 悠長　**4** 深長］

六　こんな杜撰《ずさん》な計画では事業の成功はおぼつかない。もっと（　　　）に準備を進めなさい。

［**1** 周到　**2** 仔細　**3** 微妙　**4** 稠密《ちゅうみつ》］

問9

一〜四の（　　）に入る言葉として最も適切なものを選んで、番号で答えてください。

一　不良品をつかませたうえに、修理代を請求するなんて、盗人（　　）にもほどがある。

［1 たけだけしい　2 はなはだしい　3 いまいましい　4 まがまがしい］

二　国策に唯々諾々と従い、多くの教え子たちを戦地に送ったことは、誠に慚愧に（　　）。

［1 尽きない　2 及ばない　3 堪えない　4 忍びない］

三　彼女は何かやましいことがあるのか、私に気づくなり、くるりと（　　）を返した。

［1 踵《きびす》　2 脛《すね》　3 膝　4 腰］

四　大学を卒業しても就職先がなく、今もアルバイトで（　　）を凌《しの》いでいる。

［1 無聊《ぶりょう》　2 雌伏　3 吝嗇《りんしょく》　4 糊口］

問10

一〜四の【　】の中の言葉を最も適切に使っているのは、それぞれどの文でしょうか。番号で答えてください。

一【にべもない】

1 まだ小さな子どものいる彼をリストラの対象にするなんて、常務という人はにべもない仕打ちをする。

2 先生にコラムの執筆を依頼したのだが、今はほかの連載で手一杯だからと、にべもない返事だった。

3 娘と最後に会ったのは、彼女が三歳の時だったから、私の顔を覚えていないのはにべもないことだ。

二【早晩】

1 石油をはじめとする化石燃料は、早晩枯渇することが確実だが、その時期については諸説ある。

2 生成ＡＩが急速に普及する今、安全に利用するためのガイドラインを早晩に策定する必要がある。

3 予報では、今日の早晩から関東の山沿いで大雪となり、明日の未明には平野部でも雪となる模様だ。

三【枯れ木も山の賑わい】

1 明日の懇親会の参加者が案外少なくて。枯れ木も山の賑わいだから、ぜひ君も参加してくれないか。

2 せっかくのお誘いですし、枯れ木も山の賑わいですから、私も今度のお月見会に出席いたします。

3 普段は人気《ひとけ》のないこの寺だが、紅葉の時期だけは枯れ木も山の賑わいで、多くの見物客でごった返す。

四【噴飯物】

1 会長の突然の辞任という噴飯物の事態に、牽引役を失ったグループ企業は一時騒然となった。

2 招待客の前で新郎を貶めるような噴飯物のスピーチに、両家の人々は怒り心頭だった。

3 面接に遅刻した学生の子どもじみた噴飯物の言い訳に、私たちはただただ呆れ返った。

問11

一〜四の――部分の言葉とほぼ同じ意味を表す言葉を１〜８から選んで、番号で答えてください。

一　彼女はいつまでも岸壁の上にたたずんで、遠ざかってゆく船を見送っていた。

二　かつては凶悪犯罪がはびこる危険地帯と言われたこの町も、徐々に治安が回復している。

三　第二次大戦開始以前から、ヒトラーはあの手この手で隣国の領土を少しずつ削り取っていた。

四　ミャンマーのバガンは、高くそびえる仏塔が、広い平原に何百と散在する壮大な景観で有名だ。

１　屹立する　２　蚕食する　３　食傷する　４　浸食する
５　佇立する　６　蔓延する　７　流行する　８　林立する

問12

次の文章は、ある大学生が授業の課題として書いた、落語に関するレポートの下書きの一部ですが、漢字表記にかなりの誤りがあります。ア〜ツの ―― 部分の表記が適切である場合には ○ を、適切でない場合には × を解答欄に記入してください。なお、ここでは送り仮名、また、記述内容の真偽や是非については問題としません。

今回、私がア観賞したのは、語《ご》検《けん》亭《てい》仁《に》保《ほ》権《ごん》の十八番、『堪忍袋』である。明治時代の実業家で劇作家の益田太郎冠者が書き下ろした新作落語だが、舞台はイお馴染みの江戸の長屋である。以下にあらすじを記す。

その日も熊五郎とその妻は、近所に響き渡るほどの大声で喧嘩をしていた。そこへ大家が通りかかり、ウ仲裁に入る。

「『堪忍五両、思案は十両』『笑うエ角には福来たる』と言うじゃないか。喧嘩ばかりしていては金も貯まるまい」と二人をなだめ、次のような中国のオ故事を語って聞かせた。

昔、何を言われても怒らない男がいた。ある日、家を訪れた友人がそのカ秘決を尋ねると、男は傍らの大きなキ水甕を指差し、「不平不満は全てこの中に叫んでぶちまけ、蓋をして閉じ込めてしまうのだ」と明かした。この後、男の評判はますます高まり、出世して大金持ちになったという。

「お前さんたちも、例えば袋の中にでもお互いの不満をぶちまけて封じてみたらどうだ。」

早速試してみたところ、不思議と怒りが収まってク爽快な気分になり、以後、二人が喧嘩をすることはぱたりとなくなった。

急に二人の夫婦仲がケ円漫になったのをいぶかしんだ隣人に訳を尋ねられ、熊五郎は袋のことを話す。やがてこの「堪忍袋」は町中の噂となり、袋の中に日頃のコ鬱噴を吐き出したいという人々で熊五郎の長屋の前はごった返すようなる。そうして袋はどんどんと膨れ上がり、ついにサ緒が切れて大爆発を起こしてしまう……。

オチは何ということのないシ駄洒落だが、この物語の面白味は、何のス偏哲もない日常の風景から始まって、それがいつの間にか奇想天外な方向へと展開していくところにあり、それだけに、セ荒唐無稽な設定をいかに違和感なく観客に受け入れさせられるかが、演者の腕の見せ所となる。仁保権の人物描写や情景描写の見事さについては今さらソ多言を用しないが、今回の高座においても、その描写力をタ遺感なく発揮し、巧みな声色とチ所作で、まるで目の前で起きている現実であるかのようなツ臨場感を醸し出しつつ、軽妙なアドリブで観客の爆笑を誘っていた。

問13

一～**五**には、パソコンなどで入力したときの変換ミスが一か所ずつあります。変換ミスを含む言葉の正しい漢字での書き方を**楷書**で解答欄に記入してください。（例：バスは定刻どおりに発射した。　解答●発車）

一　面接で何を聞かれても答えに窮することのないよう、まずは会社の遠隔から脳裏に刻むことにした。

二　広報担当者によると、イベント再開の時期については諸般の事情を考慮しつつ営為検討中だとのことだ。

三　この映画は、名称フェリーニがその作風を大きく変貌させる転機となった記念碑的な作品である。

四　個人の私的な問題について、当事者以外の人間が興味本意で臆測や批判をすることは、厳に慎むべきではないか。

五　首相は今国会の冒頭で、あらゆる対策を昂じて国民所得の底上げを図る旨の所信表明を行った。

問14

一〜五の――部分の漢字の読み方を**平仮名**で解答欄に記入してください。

一　他人の失敗や不幸を面白がるような人間は、共感性が著しく欠如していると思う。

二　来年は厄年に当たるので、年が明けたらすぐに近所の神社で厄除けの祈禱をしてもらおう。

三　定年退職を迎えた日、彼の胸中にあったのは達成感よりも、むしろ寂寥感であった。

四　独学で絵を学んだルソーの作品を、子どもが描いたようだと嘲る批評家も少なくなかった。

五　夫の両親と同居しているせいか、息子にもお年寄りを労る気持ちが自然に育ったようだ。

第2回　問題

問15

一〜五のそれぞれの□に入る適切な漢字一字を選んで、——部分の熟語や成句を完成させてください。解答は番号で記入してください。

一　援助したいのはやまやまだが、無い□は振れないので、融資の件は諦めてくれないか。

［1 袂　2 袖　3 襟］

二　「酒は百薬の□」という言葉もあるが、最近の研究ではむしろ「百害あって一利なし」だそうだ。

［1 妙　2 長　3 効］

三　黒澤明の名を世界に知らしめた『羅生門』は、戦後日本映画の金□塔と言えるだろう。

［1 華　2 字　3 平］

四　用心深い彼でさえも、一流の詐欺師の□練□管にはかなわなかったようだ。※同じ漢字が入ります。

［1 舌　2 口　3 手］

五　放送局から内定をもらった彼女は、これで憧れのアナウンサーになれると、欣喜□躍していた。

［1 鶴　2 鷹　3 雀］

NEWS

問16

一〜**五**のア・イの（　　）に入る漢字として適切なものを、それぞれの【　　】に掲げた同音の漢字から選んで、番号で答えてください。適切なものがないときは、**4**を選んでください。同じ番号を二度使ってもかまいません。

一【**1** 錬　**2** 蓮　**3** 廉　**4**（適切なものがない）】

ア　亡くなった元大統領は生前、清（　　）な人物として国民の尊敬を集めていた。

イ　一眼レフカメラがほしいのだが、初心者なので、まずは（　　）価なものを購入しようと思う。

二【**1** 壁　**2** 癖　**3** 碧　**4**（適切なものがない）】

ア　伯父が、自分が投資している会社の株をしきりに薦めてくるので、いい加減、（　　）易している。

イ　洋服のカタログを見ていて、モデルが金髪（　　）眼の若い男女ばかりなのにふと気づき、違和感を持った。

三【1 喚　2 換　3 歓　4 (適切なものがない)】

ア　最近は、部署の垣根を越えた交（　）の場として、社内にバーを設ける企業もあると聞く。

イ　メンバーによる突然のバンド解散の発表に、コンサート会場にいたファンたちから、悲鳴にも似た（　）声が一斉に上がった。

四【1 切　2 刹　3 拙　4 (適切なものがない)】

ア　素人の私には、彼女の歌の巧（　）は判断できないが、人の心を打つ何かがあるのは確かだ。

イ　懐かしい彼の顔を目にした（　）那、涙が溢れてくるのをどうしようもなかった。

五【1 彫　2 凋　3 挑　4 (適切なものがない)】

ア　往年のスターも、相次ぐ不祥事や醜聞で人気が（　）落し、今や見る影もない。

イ　不作にもかかわらず、政府が農民から穀物を強制的に（　）発したため、各地で飢饉が発生した。

問17

一〜三の文章について、（　　　）に入る文として最も適切なものをそれぞれ選び、番号で答えてください。

一

「社会人基礎力」というものを、経済産業省が提唱している。同省のサイトによれば、これは大きく分けて「前に踏み出す力」「考え抜く力」「チームで働く力」の三つからなるという。これからキャリアアップを目指す若者には、確かに有益な目標・指針となる概念であろう。ただ、一つ気になるのは、同省がそのいずれをも、社会人としてキャリアの初期に身につけておくべき基礎的スキルとしている点である。果たして、この三つの能力を兼ね備えていることが、本当に「社会人」として必須の「基本中の基本」なのだろうか。

世の中には、慎重に「考え抜く」がゆえに「前に踏み出す力」に欠ける人もあれば、その逆の人もある。また、他との協調を重視するあまり、その人の優れた決断力あるいは慎重さが圧殺されてしまう場合もある。だからこそ、三つの能力をバランスよく身につけ発揮することが肝要なのだという理念は分かる。（　　　）むしろ、異なる能力に秀でた者同士がそれぞれの長所を活かし、互いの短所を補い合うことのほうが現実的であり、さらに言えば、それこそが「チームで働く」ことの利点ではないかと、私には思えてならない。

1　とはいえ、実現への具体的な道程を示さなければ、理念は単なるスローガンにすぎなくなる。
2　つまり、これからの社会を担う若者たちには、非常に高いバランス感覚が求められることになる。
3　だが、それは「基礎力」と呼ぶにはあまりにハードルが高すぎる要求ではないだろうか。
4　しかし、より重要なのは、「チームで働く力」に他の二つの能力をいかに矛盾なく統合するかではないだろうか。

二

現在、地球の周回軌道上には、廃棄されたり制御不能となったりした人工衛星や、使用済みのロケットの本体または部品といった宇宙ゴミ（スペースデブリ）が溢れている。これが問題視されているのは、活動中の通信衛星や気象衛星、GPS衛星などに衝突して、我々の日常生活に多大な支障を来す恐れがあるほか、地上に落下して人命を脅かすことも考えられるからだ。

では、それが分かっていながら、なぜ規制や回収が進まないのか。技術面・資金面での困難もあるだろうが、一番の理由は法的な問題ではないかと私は考える。というのも、宇宙空間は国際法上、どの国の領土でも誰の所有物でもないからだ。（　　　）

このことが、世界中の国家や企業による野放図な開発競争を招き、その結果、大量の宇宙ゴミを放置させてきたのである。前述のように、この問題は我々の生活ひいては安全に大きく関わっている。宇宙ゴミを回収する技術の開発に加え、責任の所在を明確化するための法整備が急がれる。

1　それは逆説的に、誰もが自由に利用できる権利を有するうえ、そこでの行為について誰も責任を問われないことを意味する。
2　だが、宇宙に行くことが技術的に可能になると、その誰のものでもない宇宙を私物化しようとする輩も現れてくる。
3　宇宙が誰のものでもないとすれば、そこにあるゴミを回収する権利も誰も持ちえないということになる。
4　こうして、人類の最後のフロンティアとしての宇宙は、単なる憧れの対象から開発・開拓の対象へと変質してしまった。

三

ＣｈａｔＧＰＴをはじめとする文章生成ＡＩの利用の是非が、研究・教育機関である大学においても大いに議論の的となっている。資料の検索や要約にかかる時間が格段に短縮されるという利点がある一方で、問題点も多々あるからだ。特に懸念されているのが、学生が自分で考え、自分の言葉で書くことをやめ、最悪の場合、剽窃《ひょうせつ》のような不正に及ぶ危険性である。それゆえ、学生が論文や課題レポートの作成にＡＩを利用することを一律に禁止している大学もすでにあると聞く。決定的な対策が打ち出せない現状では、それも理解できなくはない。

（　　　）これほど便利なものが今以上に普及しないのはあまりにもったいなく、また、考えにくいことであるからだ。今時、電卓や表計算ソフトを使わずに、算盤《そろばん》や筆算で統計資料を作ることなど考えられないのと同じことである。学生が自分で書いた文章かどうかについては、当面は口頭試問などである程度は確認できるであろうし、そう遠くない将来、剽窃などの不正を瞬時に見抜けるＡＩも開発されるだろう。ＡＩの発達が人類の知的後退ではなく、科学と文明のさらなる飛躍に繋がることを期待して止まない。

1　だが、こうした措置はいかにも時代錯誤であり、早急に改めなければならない。
2　とはいえ、学生によるＡＩの不正利用を完全に防止することは極めて困難であろう。
3　しかし、こうした動きはあくまで過渡的な措置に終わるだろうと私は予測する。
4　ただし、インターネットによる資料検索については、引き続き認めるべきだろう。

問18

次の文章は、大学教授のAさんが地元の新聞に投書したものです。これを読んで、後の質問に番号で答えてください。

先日、市報に掲載されていた市議会の代表質問と、それに対する市長の答弁の要約を読んでみて<u>非常に驚いた</u>ア。普段は予防接種や健康診断、その他の催事のお知らせくらいしか読まないのだが、昨今は新型コロナウイルスやマイナンバーカードを巡る市の対応など、推移を注視すべき問題もあるので、ふと気になって目を通してみたのだ。しかし、正直なところ、何を話題にしているのかも理解できない遣り取りが少なくなかった。

理由は、そこに夥しい数のカタカナ語が羅列されており、職業柄、長年英語に接してきた私にとっても、初見または意味不明なものが多かったことにある。「アドバンテージ」「ポテンシャル」はまだよいとして、「エンパワメント」「レジリエンス」、さらには「ワンストップ支援」「インクルーシブ社会」のように漢語と組み合わせて熟語化されたものなど。それらが専門家の間ではかねて常識の範疇の語なのか、未だ訳語が定着していない極めて新しい概念なのか、門外漢の私には判然とせず、ひょっとすると、当人が各分野の専門用語や最新の事情に精通していることを誇示するために、あえてそのような語を多用しているのではとさえ勘繰りたくなった。

無論、私の不勉強だと言われれば、それまでかもしれない。科学技術の進歩、社会の仕組みや価値観の変化はますます加速度を増し、それに伴って新しい用語が次々と生まれるのは必然である。そうした変化の波が主に太平洋の向こうから押し寄せてくることに鑑みれば、漢語や和語への翻訳が追いつかず、カタカナのまま流布する語が増えるのも、ある程度は致し方あるまい。また、政策のキーワードや改革のスローガンとしてなら、例えば「福祉」を「ウェルビーイング」と言い換えて斬新さを演出するなどの手法も、（　イ　）。しかし、市民の生活に直結する問題を議論あるいは説明する文章の中で、市民の大半が聞き慣れない用語を濫用することは、市政と市民とを繋ぐ媒体としての市報の本旨に反してはいないだろうか。

私は何も、外来語の使用は総じて日本語の乱れや衰退を招く行為だからけしからんという、排外主義的ないし国粋主義的な主張がしたいのではない。（　A　。）　B　。　C　。

そういう意味では、近年、外国系住民の増加を念頭に必要が叫ばれている「やさしい日本語」は、「全ての人に等しく伝わる」という点で、母語話者・非母語話者を問わず、あらゆる層の日本語使用者に有益なもの（考え方）だと言える。市政が誰も取り残さない「インクルーシブ（包括的）な地域社会」を目指すのであれば、まずは誰にでも分かりやすい「やさしい日本語」で市民に語りかけてくれることを期待したい。

一　筆者が「市議会の代表質問と、それに対する市長の答弁の要約」を読んでア「非常に驚いた」こととして、**明らかに不適切なもの**はどれでしょうか。一つ選んでください。

1　何を話題にしているのかさえ理解できない箇所が少なくなかったこと
2　初めて目にする、あるいは意味が分からない言葉が多かったこと
3　やたらとたくさんのカタカナ語が並んでいたこと
4　市議たちが様々な分野の専門用語や最新の事情に精通していること

二　イに入る言い方として、最も適切なものはどれでしょうか。

1　姑息ではあるが許容されよう
2　時として甘受せねばならない
3　やはり首肯することはできない
4　断固として糾弾すべきであろう

三　A B C には、a～cの文をどの順番で入れるのが最も適切でしょうか。

a　だから、カタカナを漢字に改めれば、それで済むという話でもないのである
b　そもそも、行政や法律にかかわる言葉には、「市民の大半が聞き慣れない用語」が溢れており、それは外来語に限った話ではない
c　もっとも、若者発祥のカタカナ語を日本語の乱れだと嘆くお偉いさん方が、先述のようなカタカナ語の使用に無頓着なのはどうかと思わないでもないが

1　abc　2　acb　3　bac　4　bca　5　cab　6　cba

四　次の文のうち、筆者の考えとして本文中に述べられていることと合っているものはどれでしょうか。一つ選んでください。

1　専門用語や、元々日本語にある言葉で単純に言い換えられない語であれば、無理に漢語や和語に翻訳する必要はない。
2　科学技術の進歩や社会の変化に応じて新語が増加するのは必然であり、一般市民もそうした語の学習を怠ってはならない。
3　外来語をそのまま使用することが必ずしも悪いわけではないが、広く一般の人々が理解できるような配慮も必要である。
4　市議会での発言においては、外来語の使用は極力避け、誰にでも分かる「やさしい日本語」を心がけるべきである。

答案用紙

日本語検定

令和5（2023）年度　第2回

2級

注 意

1. 下の「受検者番号シール貼り付け欄」に、受検番号と氏名が書いてある受検者番号シールを貼り付けてください。
2. 答案用紙は裏面まで続いていますので、注意してください。
3. 読みやすい字で、枠からはみ出さないように記入してください。
4. 間違えたところは、消しゴムを使用して、きれいに消してから記入してください。

受検者番号シール貼り付け欄

受検者番号シールを
貼ってください。

特定非営利活動法人
日本語検定委員会

記入例

1

1・3

番号で答えるときは、このように算用数字で記入してください。

問1

一	二	三

問2

一	二	三	四

問3

一	二	三	四

問4

ア	イ	ウ	エ	オ	カ	キ	ク

問5

ア	イ	ウ	エ	オ	カ

問6

一	二	三	四	五

問7
一
二
三
四

問8
一
二
三
四
五
六

問9
一
二
三
四

問10
一
二
三
四

問11
一
二
三
四

問12
ア
イ
ウ
エ
オ
カ
キ
ク
ケ
コ
サ
シ
ス
セ
ソ
タ
チ
ツ

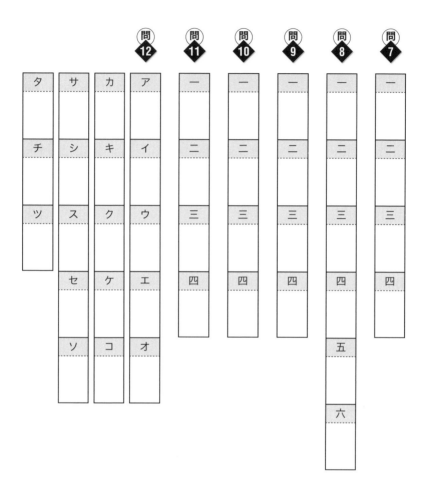

問13
一
二
三
四
五

問14
一
二
三
四
五

問15
一
二
三
四
五

問16
一 ア イ
二 ア イ
三 ア イ
四 ア イ
五 ア イ

問17
一
二
三

問18
一
二
三
四

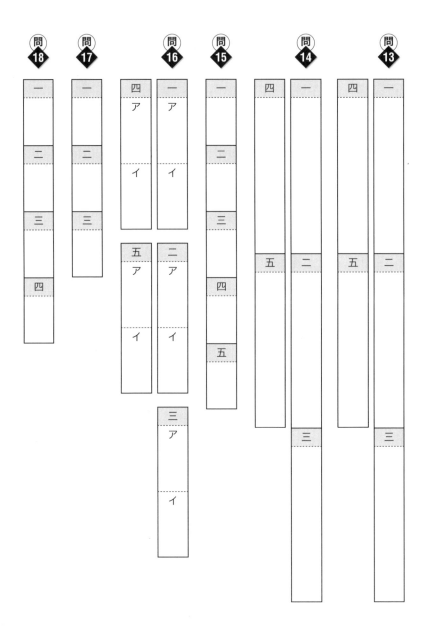

問1 ［敬語］

解答　一…3　二…1　三…1

解答のポイント　改まった場面での会話表現に特有の、文脈に合った適切な語を選ぶ問題である。多く、場面や状況に応じた常套的な語句が用いられる点に注意したい。

一　見るに値しないつまらない物をいう、3「お目汚し」が適切。相手に自分の作品などを見てもらう際の謙遜の意を込めた言い方として、問題文のような形で用いる。1「お目こぼし」は、相手が自分側の過失などを見逃してくれることの尊敬語で、「今回ばかりはお目こぼしください」のように用いる。2「お目もじ」は、自分が相手と会うことの謙譲語。「お目もじが叶い、嬉しく存じます」などの形で、主に女性が用いる言葉。

二　来客が土産や差し入れとして持ってきた菓子類をいう、1「お持たせ」が適切。それをそのままお茶請けにして来客に出す際に、問題文のような形で多く用いる。2「お使い物」は、「贈り物」の丁寧な言い方。3「お裾分け」は、ある人からもらった物を、別の人にも分け与えること、また、その分け与える物。2と3は、いずれも「相手が持ってきた物」という意味を含まないので、問題文の場面には不適切。

三　相手がその事柄を第三者から聞いて知っていることをいう尊敬語、1「お聞き及び」が適切。2「お耳入り」という言い方はなく、「お耳に入っている（ことと存じます）」が本来の言い方。3の「賢察」は、相手が自分側の状況などを察することの尊敬語。「当方の事情をご賢察くださいますようお願いいたします」のように用いる言葉で、問題文の場面には不適切。

問2【敬語】

解答 一…2　二…1　三…2　四…3

解答のポイント 相手や場面に応じた適切な敬語表現を問う問題である。いざという時に迷わないよう、尊敬語・謙譲語・丁寧語の区別を日頃から意識しておきたい。特に謙譲語については、行為の向かう先の人物への敬意を表す謙譲語Ⅰと、話している相手への敬意を表す謙譲語Ⅱ（丁重語）との使い分けにも気をつけたい。（平成十九年　文化審議会答申「敬語の指針」を参照）

一　初めの文は、自分の上役が同席「する」ことについて謙譲語Ⅱ「いたす」を用いている、1の「同席いたします」と、同席させて「もらう」ことについて謙譲語Ⅰ「いただく」を用いている、2の「同席させていただきます」が適切。3の「村上部長もご同席いたします」は、身内である村上氏に対し「～部長」という敬称を用いている点と、「同席する」という向かう先の人物がいない行為について「ご～いたす」という謙譲語ⅠとⅡの複合形を用いている点が不適切。後の文の前半は、村上氏が「来る」ことについて謙譲語Ⅱ「参る」を用いている、2の「参ります」が適切。1の「伺います」は、この場に「来る」ことについて謙譲語Ⅰ「伺う」を用いていて不適切。3の「おいでになります」は、「来る」の尊敬語「おいでになる」を用いていて不適切。後半は、「待ってくれ」ということを「お～（になって）くださる」という尊敬語の形を用いて丁寧に頼んでいる、1の「お待ちください」と、2の「お待ちになってくださ い」が適切。3の「お待ちしてください」は、商談相手が「待つ」ことについて「お～する」という謙譲語Ⅰの形を用いていて不適切。全体としては、2が適切。

二　前半は、1と3が適切。「見える」自体が「来る」の尊敬語なので、3の「お見えになった」は一種の二重敬語だが、慣用として認められている。2の「見えられた」は、「見える」に尊敬の助動詞「られる」を重ねた過剰敬語で不適切。後半は、社長が第一応接室に「来てくれる」ことについて尊敬語「いらっしゃる」「くださる」を用い、部長の長沢氏が「言う」ことについて尊敬語「おっしゃる」を用いている、1の「いらして（「いらっしゃって」の口語形）くださいとおっしゃっています」が適切。2の「おっしゃられています」は、「おっしゃる」に尊敬の助動詞「れる」を重ねた過剰敬語で不適切。3の「申しています」は、「言う」の謙譲語Ⅱ「申す」を用いていて不適切。全体としては、1が適切。

三　前半は、2が適切。1の「おつなぎしにくい」は、自分側の都合を一方的に述べていると受け取られかねない言い方なので不適切。3は、「いる」の謙譲語Ⅱ「おる」を用いて「なっております」と言うべきところを、「ある」の丁寧語「ござる」を用いて「なってございます」と言っていて不適切。後半は、2と3が適切。1の「痛み入ります」は、相手の親切や好意に恐縮していることを伝える際に多く用いる表現で、問題文のような謝罪の場面で用いることは一般にない。全体としては、2が適切。

四　前段は、1・2・3いずれも適切。中段は、2の「推察」と、3の「推測」が適切。1の「拝察」は、相手の事情や近況などを自分が推察することの謙譲語Ⅰなので不適切。後段は、自分が「断言する」ことについて謙譲語Ⅱ「いたす」を用いている、3の「断言はいたしかねます」が適切。「かねる」は、そうしたくても何らかの事情があってできない場合に、「〜しかねる」の形で用いる語なので、1の「できかねます」と、2の「いたしかねません」は不適切。全体としては、3が適切。

問3 [敬語]

解答 一…3　二…3　三…1　四…2

解答のポイント **挨拶状などの改まった文書に特有の、文脈に合った適切な語を選ぶ問題である。多く、場面や状況に応じた常套的な語句が用いられる点に注意したい。**

一　相手の健康や幸福を祝う言葉である、3の「清祥」が適切。改まった手紙などの冒頭の挨拶として、問題文のような形で多く用いる。1の「隆昌」は、非常に勢いが盛んなこと。2の「盛栄」は、商売などが繁盛して栄えること。1と2は、いずれも何か事業を行っている相手（の組織）への挨拶として、主に文書で用いる言葉なので、「高木様におかれましては」とある問題文には不適切。

二　海のように広い心で、他人の非礼や過失などを許すことをいう、3の「海容」が適切。相手の許しを主に文書で請う際に、問題文のような形で多く用いる。1の「寛解」は、病状が一時的に軽くなったり、ほぼ消失したりすること。2の「放念」は、その物事を気にかけるのをやめること。懸念されていた事柄が解決したことを相手に知らせる際などに、「ご放念ください」のように用いる言葉で、問題文の場面には不適切。

三　相手からもらった手紙をいう尊敬語である、1の「芳書」が適切。2の「親書」は、王や首相などの国家元首が自ら書く手紙。3の「叢書」は、同じ分野に関するいくつもの文章を共通の形式・体裁で刊行した一連の書物、いわゆるシリーズのこと。

四　自分の住まいをいう謙譲語である、2「寓居」が適切。原義は、仮の住まい。1「閑居」は、静かな住まい、また、世俗を離れて心静かに暮らすことで、自分の住まいをいう謙譲語ではない。3「蟄居」は、家に閉じこもって外出しないこと。

問4 ［文法］

解答　ア…B　イ…C　ウ…A　エ…A　オ…C
カ…A　キ…B　ク…C

解答のポイント　副助詞「か」について、ここでは、

A…その物事の具体的な内容を特定しないこと、あるいは、そうできないことを表す。
B…次に述べる事柄の原因・理由、背景などについての推定を表す。
C…並列された二つの物事が二者択一の関係であることを表す。

という、三つの意味・用法を取り上げている。

ア　「革靴がぴかぴかになっていた」のは「ゆうべ息子が磨いてくれた」からだろうと推定しているので、Bと同じ。

イ　「水曜日」と「金曜日」という二つの選択肢から一つを選んで「決めてくれ」と言っているので、Cと同じ。
ウ　講師は複数の「例を挙げて説明した」が、その数について、ここでは具体的に述べないということを言っているので、Aと同じ。
エ　部長が「いなくなった」具体的な時間は分からないと言っているので、Aと同じ。
オ　「高橋常務」と「三島常務」という二人の候補から一人が選ばれると言っているので、Cと同じ。
カ　「彼はむしろ口下手なほうなのに」顧客の評判がよい理由が分からないと言っているので、Aと同じ。
キ　「塩田さんの私に対する態度が急によそよそしくなった」のは「気のせい」かもしれないと推定しているので、Bと同じ。
ク　「XL」と「S」という二つの選択肢「しか残っていない」と言っているので、Cと同じ。

問5【敬語】

解答　ア…3　イ…1　ウ…4　エ…2　オ…2　カ…3

解答のポイント　社内の打ち合わせでのやりとりである。尊敬語と謙譲語の混同や混用、慣用表現の用い方などに気をつけたい。また、話している相手や話題の人物が同じ部署の人間か、別の部署の人間かなどにも注意したい。

ア　「案外」は、自分が思っていたことと現実が違っている様子をいうが、「案外の喜び」という言い方は一般にしない。４「存外」も同様。自分が望んでいた以上にすばらしいことをいう、３「望外」が適切。２「心外」は、予想もしない他者の言動によって腹立たしく思う様子。

イ　専務の北村さんに対し、堀川さんが自分の部下である吉田さんのことを話しているので、吉田さんがアイディアを「出してくれた」ことについて丁寧語だけを用いている、「出してくれました」は適切。２「出していただきました」は、吉田さんに「出してもらった」ことについて謙譲語Ⅰ「いただく」を用いているうえ、文頭の「彼女は」につながらないので不適切。３「出してくださいました」は、「くれる」の尊敬語「くださる」を用いていて不適切。４「お出ししてくださいました」は、「くださる」を用いているうえに、吉田さんが「出す」ことについて「お〜する」という謙譲語Ⅰの形を用いていて不適切。

ウ　「お聞かせいただきたいです」は、「聞かせてほしい」という願望を一方的に述べている感があり、依頼の表現としては不適切。「尋ねる」の謙譲語Ⅰ「伺う」を用いて、可能の疑問形で丁寧に尋ねている、４「お伺いできますか」が適切。なお、「お伺いする」は一種の二重敬語だが、慣用として認められている。２「お聞かせください」は、専務や異動先の上役に対してあまりに直截で不適切。３「伺ってもいいでしょうか」も、北村さんや山下さんに対してくだけすぎていて、「伺ってもよろしいでしょうか」などとすべきところ。

エ　「ご留学された」は、「ご〜する」という謙譲語Ⅰの形に尊敬の助動詞「れる」を付けていて不適切。山下さんから見て現時点では別の部署の人間である吉田さんに対し、敬語を用いるのであれば、「留学する」に「れる」を付けた、２「留学された」が適切な尊敬表現。３「ご留学なさられた」と、４

「ご留学になられた」は、それぞれ「ご～なさる」「ご～になる」という尊敬語の形に「れる」を重ねた過剰敬語で不適切。

オ 「熟練いたしました」の「熟練」は、十分に経験を積んで巧みであることをいい、「～に熟練する」の形で用いる。したがって、「フランス語を」につながらないうえに、問題文のような場面では自信過剰とも受け取られかねないので不適切。選択肢の中では、尊敬語も謙譲語も用いていない、２「学びました」が適切。３「お勉強いたしました」は、「勉強する」という向かう先の人物がいない行為について「お～いたす」という謙譲語ⅠとⅡの複合形を用いていて不適切。４「学ばせていただきました」は、現地の農家や今の会社の許可ないし援助を得て学んだわけではないので不適切。

カ 「ご期待に沿えないかもしれませんが」は、やや卑屈にすぎる言い方で、せっかく抜擢してくれた人々を失望させかねないので不適切。４「正直、自信はありませんが」も同様。２の「役不足」は、与えられた役目が自分の能力に対して軽すぎることをいうので、「まだまだ役不足ではありますが」は、謙譲表現として不適切。自分はまだまだ未熟であるということを謙遜して言うのなら、３「多々、至らぬ点があるかもしれませんが」が適切。

問6 ［文法］

解答 一…○ 二…○ 三…× 四…× 五…×

解答のポイント 表現内容を意図したとおりに正確に伝えるためには、多様な解釈の生じる余地がないようにすることが望まれる。特に、文中の構成要素間の修飾・被修飾の関係が一義的にしか捉えられないようにしたい。多様な解釈を排除する方法として、文脈を明確にするための適切な語句を補ったり、語順や読点の打ち方に留意したりすることが挙げられる。

一　意味のうえから、「声を嗄らしながら」が修飾するのは「(新人候補は支持を) 訴えた」に限定され、「聞き入る (有権者)」を修飾するという解釈は生じない。

二　意味のうえから、「佐藤部長」が「日本酒が好き」であること、「先週」が修飾するのは「(中井課長は秋田の地酒を) 買って帰った」であることは明らかであり、それ以外の解釈は生じない。

三　「前回のように……明らかになっていない」が、「前回は明らかだったが、今回はそうではない」とも、「前回と同様に、今回も明らかになっていない」とも解釈できる。

四　「姉と弟が二人いる」は、「姉一人と弟二人がいる」「姉二人と弟二人がいる」など、複数の解釈ができる。

五　「私」が指すのが、発話者とも「母」とも解釈できる。前者 (間接話法) の場合、母は我が子である「発話者の写真が少ない」と (父に不平を) 言ったことになり、後者 (直接話法) の場合、母は「自分自身の写真が少ない」と言ったことになる。

問7 【語彙】

解答　一…7　二…3　三…8　四…5

解答のポイント　適切な事物の数え方、すなわち助数詞を選ぶ問題である。数える事物によって慣用的

に決まった助数詞を用いる場合がほとんどなので、折に触れて確認するようにしたい。

一　7「棟」が適切。家屋などの建物を数えるのに用いる。読みは「とう」あるいは「むね」。

二　3「棹」が適切。羊羹やういろうなど、細長く棒状にして作る菓子（総じて「棹物菓子」という）をかたまりで数えるのに用いる。

三　8「本」が適切。論文などのひとまとまりの文章のほか、テレビやラジオの番組、映画や演劇などの作品数を数えるのにも用いる。

四　5「挺」が適切。銃器一般を数えるのに用いる。読みは「ちょう」あるいは「てい」。

問8　【語彙】

解答　一…4　二…4　三…1　四…2　五…3　六…1

解答のポイント　**類義語と対義語について問う問題である。個々の語の意味・用法をよく考えて、適切なものを選ぶようにしたい。**

一　「一部始終」は、物事の初めから終わりまでの詳しい事情。出来事の初めから終わりまでの詳細をいう、4「顚末」が意味の最も類似した語。1「経緯」は、物事がそこに至るまでに辿った道筋。2「推移」は、時の経過とともに物事が移り変わること。3「展開」は、物事が新たな段階に進んだり、さらなる広がりを見せたりすること。

第2回　解答と解説

二 「出奔」は、それまで住んでいた土地から逃げて、行方をくらますこと。元いた場所から逃げて、別の場所に隠れることをいう、4「逐電」が意味の最も類似した語。1「亡命」は、政治的迫害などを避けるために、他国へ逃れること。2「隠遁」は、俗世間を離れて、ひっそりと隠れるようにして暮らすこと。3「離籍」は、旧民法の規定で、戸主が家族の誰かを戸籍から外すこと。

三 「メンテナンス」は、建物や機械などの保守・点検を怠らず、問題なく使用できる状態を保つこと。物事を一定の状態に保ち、その性質や性能を下げないことをいう、1「維持」が意味の最も類似した語。2「修繕」は、壊れたり傷んだりした物品や設備を直すこと。3「改善」は、物事の良くないところを改め、うまく機能するようにすること。4「更新」は、従来のものを新規のものに替えること。

四 「遵守」は、規則や命令などに忠実に従い、それをよく守ること。決められたことや命令されたことなどに背くことをいう、2「違背」が対照的な意味を表す語。1「違約」は、契約などの約束事を破ることで、規則や命令については用いない。3「背反」は、二つの物事が矛盾し両立しないことという意味と、命令などに背くことという意味とがあるが、「ルールに背反する」とは一般に言わないので不適切。4「造反」は、体制や組織の内部から、それを批判したり、反抗したりすること。

五 「性急」は、冷静によく考えずに、慌てて物事を進める様子。どんなに大変なときでも全く慌てず、のんきに構えている様子をいう、3「悠長」が対照的な意味を表す語。1「泰然」は、落ち着いていて、物事に動じない様子。2「悠然」は、ゆったりと落ち着いて、物事に大らかに対処する様子。3は「悠長に」の形で、やや否定的な意味合いで用いるのに対し、1と2は、それぞれ「泰然と」「悠然と」の形で、肯定的な意味合いで用いる。4「深長」は、表面からは一見して分からない奥深さがある様子。

六　「杜撰」は、物事の進め方がいい加減で、手抜きや見落としが多い様子。細かいところまで配慮が行き届き、手抜きや見落としがない様子をいう、１「周到」が対照的な意味を表す語。２「仔細」は、物事の詳しい事情。３「微妙」は、簡単な言葉では説明できない複雑さや際どさがある様子。４「稠密」は、人家や人口が一か所に集中している様子。

問9　【言葉の意味】

解答　一…１　二…３　三…１　四…４

解答のポイント　**文脈に合った適切な語を選ぶ問題である。この種の語には、常套的・慣用的に結び付きの決まっているものも多いことに注意したい。**

一　１「たけだけしい」を入れて、「盗人《ぬすっと》たけだけしい」とするのが適切。この場合の「たけだけ（猛々）しい」は、ずぶといの意。悪いことをしておきながら平然としていたり、それをとがめられて居直ったりする様子を、「盗人たけだけしい」という。他の選択肢が「盗人」と結び付いて同様の意味を表すことは一般にない。

二　３「堪えない」を入れて、「慚愧《ざんき》に堪えない」とするのが適切。「慚愧」は、自分の行為を激しく後悔し恥じ入ること。そのような感情に囚われて我慢ができない様子を、「慚愧に堪えない」という。他の選択肢が「慚愧に」と結び付いて同様の意味を表すことは一般にない。

三　１「踵」を入れて、「踵を返した」とするのが適切。「踵」は、かかとの意。体の向きを反対にすること、また、来た道を引き返すことを、「踵を返す」という。他の選択肢が「〜を返す」と結び付いて同様の意味を表すことは一般にない。

四 4「糊口」を入れて、「糊口《ここう》を凌いで」とするのが適切。「糊口」は、粥をすすること。「糊口を凌ぐ」は、最低限の収入を基に、その日その日を何とか暮らしていくことで、「口を糊《のり》する」ともいう。他の選択肢が「〜を凌ぐ」と結び付いて同様の意味を表すことは一般にない。

問10 【言葉の意味】

解答 一…2　二…1　三…2　四…3

解答のポイント 言葉の適切な用法を問う問題である。理解面では、文脈に依存した解釈で何とか済ませていても、表現面に応用するとなると、適切に使うことのできない言葉は意外に多い。日頃から辞書を引くなどして、意味・用法を的確に把握しておくように心がけたい。

一 「にべもない」は、そっけなく、すがりようがない様子。2の使い方が適切。1は、「情け容赦ない」などとするのが適切な文。3は、「無理もない」などとするのが適切な文。

二 「早晩」は、「遅かれ早かれ」の改まった言い方。1の使い方が適切。2のように、「早いうちに」の意味で使うのは不適切。また、3のように、「夜の早い時間帯」の意味で使うのも不適切。

三 「枯れ木も山の賑わい」は、たとえつまらないものでも数があると賑やかになるから、ないよりはましだということのたとえ。自分が出席することについて謙遜して言っている、2の使い方が適切。

1のように、参加を依頼する相手について使うのは失礼で不適切。また、3のように、普段は人気のない場所が、その時だけは賑わうという意味で使うのも不適切。

四 「噴飯物」は、あまりに馬鹿馬鹿しくて、思わず笑ってしまうような物事。3の使い方が適切。1のように、「衝撃的な出来事」の意味で使うのは不適切。また、2のように、「相手を激怒させるような失礼な言動」の意味で使うのも不適切。

問11 [言葉の意味]

解答 一…5　二…6　三…2　四…1

解答のポイント ある動作を表す和語の表現に対して、それとほぼ同じ意味を表す漢語動詞を選ぶ問題である。

一 5「佇立《ちょりつ》する」は、しばらくの間その場所に立ち止まることで、「たたずむ」とほぼ同じ意味を表す。

二 6「蔓延《まんえん》する」は、好ましくない物事がその一帯に広がり定着することで、「はびこる」とほぼ同じ意味を表す。

三 2「蚕食《さんしょく》する」は、蚕《かいこ》が桑《くわ》の葉をかじるように、他人の領分を次第に侵していくことで、「少しずつ削り取る」とほぼ同じ意味を表す。

四 1「屹立《きつりつ》する」は、辺りを見下ろすように高く立っていることで、「そびえる」とほぼ同じ意味を表す。

問12 ［表記］

解答

ア…×　イ…○　ウ…○　エ…×　オ…○　カ…×　キ…○　ク…○
ケ…×　コ…×　サ…○　シ…×　ス…×　セ…○　ソ…×　タ…×
チ…○　ツ…○

解答のポイント　漢字表記の誤りを指摘する問題である。文脈に合った適切な漢字の用法を身につけるようにしたい。

ア　**観賞**…芸術作品などに触れて、その良さを味わうことで、「鑑賞」が適切な表記。
イ　**お馴染み**…適切な表記。
ウ　**仲裁**…適切な表記。
エ　**角**…ここでは家あるいは家族のことで、「門《かど》」が適切な表記。「笑う門には福来たる」は、いつも楽しそうに笑っている家には、本当に幸福が訪れるという意味のことわざ。
オ　**故事**…適切な表記。
カ　**秘決**…あまり知られていないが、物事を成功させるうえで効果的な方法のことで、「秘訣」が適切な表記。
キ　**水甕**《みずがめ》…適切な表記。

ク　**爽快**…適切な表記。
ケ　**円漫**…人間関係などに何の問題もなく、全てが穏やかにうまく運んでいる様子で、「円満」が適切な表記。
コ　**鬱噴**…日頃、発散できずに心の中に溜まった不満や怒りのことで、「鬱憤」が適切な表記。
サ　**緒**…適切な表記。
シ　**駄洒落**…特に新鮮味も面白味もない単純な言葉遊びのことで、「駄洒落《だじゃれ》」が適切な表記。
ス　**偏哲**…ほかとは目立って変わっているところのことで、「変哲」が適切な表記。
セ　**荒唐無稽**…適切な表記。
ソ　**多言を用しない**…長々と説明する必要がないほどよく知られている様子で、「多言《たげん》を要しない」が適切な表記。
タ　**遺感なく**…何も心残りがないほどに完璧に物事をやりきる様子で、「遺憾なく」が適切な表記。
チ　**所作**…適切な表記。
ツ　**臨場感**…適切な表記。

問13 【表記】

解答　一…沿革　二…鋭意　三…名匠　四…（興味）本位　五…講じ（て）

解答のポイント　パソコンなどでの入力では、手書きでは考えられないような誤りが生じることがある。特に、同じ読み方をする言葉に注意が必要である。

第2回　解答と解説

一　「**沿革**」が適切な表記。その組織や制度などが今日までに辿った歴史。「遠隔」は、遠く離れていること、また、距離があって直接つながっていないこと。

二　「**鋭意**」が適切な表記。気持ちを集中し、懸命に努力する様子。「営為」は、人間が生きていく中で意識的に行う事柄、いとなみのこと。

三　「**名匠**」が適切な表記。美術・工芸などにおいて優れた技量を持つ（ことでよく知られている）人物。「名称」は、その物事の名前（として一般によく知られている呼び方）。

四　「**本位**」が適切な表記。思考や判断、行動などの基準となるもの。当事者の気持ちも考えず、第三者が好奇心の赴くままにあれこれ探ったり論じたりする様子を、「興味本位」という。「本意」は、その人の本来の意思や意図。

五　「**講じ（て）**」が適切な表記。「講じる」は、問題解決のための手段・方法を考え、実行に移すこと。「昂じる」は、ある好ましくない状態がますます悪化すること。

問14　［漢字］

解答　一…けつじょ　二…きとう　三…せきりょうかん　四…あざけ　五…いたわ

解答のポイント　漢語や和語の漢字の読みを問う問題である。知っている音訓や偏・旁《つくり》から予想できる読み方を勝手に適用すると、思わぬ読み誤りをすることがある。語の意味と読み方の両方を理解するために、辞書を必ず引くようにしたい。

一「欠如」（けつじょ）は、本来は十分にあるべき物事が足りない、あるいは全くないこと。

二「祈禱」（きとう）は、神仏に祈りを捧げること、また、そのための儀式。

三「寂寥感」（せきりょうかん）は、心が満たされず、どこかさびしい感覚、また、辺りがひっそりとしていて、ものさびしい感じ。

四「嘲（る）」（あざける）は、相手を馬鹿にしたり軽蔑したりするような言動・態度をとること。

五「労（る）」（いたわる）は、心身が弱っている人などを、あるいは自分の体を、大事に優しく扱うこと。

問15【漢字】

解答　一…2　二…2　三…2　四…3　五…3

解答のポイント　**熟語や成句の適切な表記を問う問題である。正しい表記を記憶に留めておくことは、思い込みや勘違いで捉えている意味を正すうえでも大切なことである。**

一　2「袖《そで》」が適切。「無い袖は振れない」は、その気はあっても、実際に持っていない金銭は出しようがないことのたとえ。相手から援助を求められたり、借金の返済を催促されたりした場合に多く用いる。

二　2「長」が適切。「酒は百薬の長」は、酒はどんな薬よりも健康に良いということを表す言葉。古代中国の歴史書『漢書』を出典とするが、しばしば酒飲みの言い訳として用いられてきた。

第2回　解答と解説

三　２「字」が適切。「金字塔」は、ピラミッドのこと（真横から見ると「金」の字に見えることから）。転じて、歴史に残るような記念碑的な業績をいう。

四　３「手」が適切。「手練手管《てれんてくだ》」は、人を騙して操るための手段や技巧。

五　３「雀」が適切。「欣喜雀躍《きんきじゃくやく》」は、雀《すずめ》がぴょんぴょんと飛び跳ねるように、小躍りして喜ぶこと。

問16 ［漢字］

解答　一　ア…3　イ…3　二　ア…4　イ…3　三　ア…3　イ…1
四　ア…3　イ…2　五　ア…2　イ…4

解答のポイント　語の意味に応じた漢字の使い分けを問う問題である。同音の漢字は多数あり、意味に応じて適切に用いなければならない。字形が似ていたり意味に共通する面があったりする漢字は、特に注意を要する。

一　ア…3「廉」が適切。「清廉」は、心が純粋で我欲がない様子。
イ…3「廉」が適切。「廉価」は、大量に生産されたり入荷されたりしていて、値段が安い様子。

二　ア…「辟」が適切なので、4が正答となる。「辟易」は、相手のしつこさなどにうんざりすること。
イ…3「碧」が適切。「碧眼」は、青い目の意。「金髪碧眼」は、西洋人の容姿にまつわる固定観念を表す語として多く用いられる言葉。

三　ア…3「歓」が適切。「交歓」は、普段はあまり交流のない人々が寄り集まって親睦を深めること。

四　イ…1「喚」が適切。「喚声」は、驚いたり興奮したりして上げる叫び声。
　　ア…3「拙」が適切。「巧拙」は、上手か下手かということ。
　　イ…2「刹」が適切。「刹那」は、極めて短い時間のことで、「瞬間」の類義語。
五　ア…2「凋」が適切。「凋落」は、一時は勢いがあって栄えていたものが落ちぶれること。
　　イ…「徴」が適切なので、4が正答となる。「徴発」は、個人の所有物や労働力を国家や軍などが強制的に集めること。特に、戦時中の行為をいう。

問17 【総合問題】

解答　一…3　二…1　三…3

解答のポイント　文脈に合った一文をそれぞれの空欄に補い、論の展開に無理がない文章を完成させる問題である。

一　すぐ後の「むしろ～」以下で筆者が主張しているのは、経済産業省が「社会人基礎力」として提唱している「三つの能力」を一人の人間が兼ね備えるよりも、「異なる能力に秀でた者同士がそれぞれの長所を活かし、互いの短所を補い合うことのほうが現実的」だということである。したがって、空欄には、「三つの能力」を一人の人間が兼ね備えることが現実的だとは思えないと言っている、3「だが、それは『基礎力』と呼ぶにはあまりにハードルが高すぎる要求ではないだろうか。」が入るのが適切。1・2・4は、いずれも「三つの能力をバランスよく身につけ発揮すること」を若者たちに要求すること自体は肯定し、それを前提としているような言い方で、「むしろ〜」以下につながらないので不適切。

二　すぐ後の文が「このことが、世界中の国家や企業による野放図な開発競争を招き、その結果、大量の宇宙ゴミを放置させてきたのである。」となっていることから、空欄には、この文で述べている「結果」の原因・理由となる事柄を述べた一文が入ると考えられる。したがって、1「それは逆説的に、誰もが自由に利用できる権利を有するうえ、そこでの行為について誰も責任を問われないことを意味する。」が、直前の「宇宙空間は国際法上、どの国の領土でも誰の所有物でもない」という記述にもつながり、適切である。2は、「大量の宇宙ゴミを放置させてきた」直接の原因ではないうえに、誰の所有物でもないと国際法で定められている宇宙を「私物化しようとする輩も現れてくる」ことは論理的に無理があるので不適切。3は、宇宙ゴミを回収することは「権利」ではなく「義務」と捉えるべきことなので不適切。4は、「宇宙空間は国際法上、どの国の領土でも誰の所有物でもない」ことと、宇宙が「開発・開拓の対象へと変質してしまった」こととは、「こうして」でつながる内容ではないので不適切。

三　まず、すぐ後の文が「これほど便利なものが今以上に普及しないのはあまりにもったいなく、また、考えにくいことであるからだ。」となっていることから、空欄には、この文の内容を根拠とした筆者の見解を表す一文が入ると考えられる。さらに、第三段落に「そう遠くない将来、剽窃などの不正を瞬時に見抜けるＡＩも開発されるだろう」「ＡＩの発達が……科学と文明のさらなる飛躍に繋がることを期待して止まない」とあることから、筆者は近い将来、ＡＩが今以上に活用される世の中が到来することを期待ないし予測していることが分かる。したがって、3「しかし、こうした（ＡＩ禁止の）動きはあくまで過渡的な措置に終わるだろうと私は予測する。」が適切である。1の「こうした（ＡＩ禁止の）措置は……早急に改めなければならない」は、直前の「現状では、それ（ＡＩ禁止）も理解できなくはない」という記述と矛盾するので不適切。2の「ＡＩの不正利用を完全に防止することは極めて困難であろう」は、すぐ後の文の内容を根拠とした見解とは言えないので不適切。4は、第三段落の内容を読む限り、筆者がここで「インターネットによる資料検索」について言及するのは不自然なので不適切。

問18 【総合問題】

解答　一…4　二…1　三…6　四…3

解答のポイント　文章の的確な読み取りを通して、文脈に合った語句や文相互の論理的な関係、文章全体の趣旨などを考える問題である。文章の趣旨が何であるかを見極めながら、細部に気を配って読むことが大切である。

一　1は、第一段落の終わりに「何を話題にしているのかも理解できない遣り取りが少なくなかった」とあるので適切。2は、第二段落の一行目から二行目にかけて「初見または意味不明なものが多かった」とあるので適切。3は、第二段落の初めに「夥しい数のカタカナ語が羅列されており」とあるので適切。4「市議たちが様々な分野の専門用語や最新の事情に精通していること」は、第二段落の終わりで言及されているが、これは、それを誇示するために、あえてカタカナ語を多用しているのではないか、と筆者が「勘繰ったこと」なので不適切。

二　すぐ後に「しかし」とあることから、「市民の大半が聞き慣れない（主にカタカナ表記の）用語を濫用すること」に批判的な次の文とは逆に、イはカタカナ語の使用に肯定的な言い方になると考えられる。また、直前に挙げられた「ウェルビーイング」は、元々日本語にある言葉や概念を単純に英語に言い換えただけの、本質的には何ら「斬新さ」のない「政策のキーワードや改革のスローガン」の例と捉えられる。したがって、1「姑息ではあるが許容されよう」が最も適切である。2「時として甘受せねばならない」は、自分に対する非難や不当な扱いなどを、やむをえず受け入れることをいう「甘受」が、直前の「斬新さを演出するなどの手法も」につながらないので不適切。3「やはり首肯することはできない」と、4「断固として糾弾すべきであろう」は、いずれもカタカナ語の使用に批判的な言い方で、「しかし～」以下につながらないので不適切。

三　Aが（　　）の中にあることから、ここに入る文は、直前で述べたことの補足や留保、あるいは余談であると考えられる。筆者は直前の文で、外来語の使用は日本語の乱れを招くということが言いたいのではないと述べているが、cの文では「若者発祥のカタカナ語を日本語の乱れだと嘆くお偉いさん方」の「カタカナ語の使用」に言及している。したがって、cの文は、文章全体の趣旨からは外れるが、筆者の感想を述べたものとして、Aに入るのが適切。aとbの文は、「行政や法律にかかわる言葉には、『市民の大半が聞き慣れない用語』が溢れており、それは外来語に限った話ではない」「だから、カタカナを漢字に改めれば、それで済む（市民の大半が理解できる）という話でもない」という因果関係になっている。したがって、bの文はBに、aの文はCに入るのが適切。以上のことから、適切な順番を示している選択肢は6である。

四　筆者は第三段落で「漢語や和語への翻訳が追いつかず、カタカナのまま流布する語が増えるのも、ある程度は致し方あるまい」としつつも、最終段落では「(市政に携わる者には) 誰にでも分かりやすい『やさしい日本語』で市民に語りかけてくれることを期待したい」と述べている。したがって、3「外来語をそのまま使用することが必ずしも悪いわけではないが、広く一般の人々が理解できるような配慮も必要である。」が合っている。なお、筆者は「無理に漢語や和語に翻訳する必要はない」とまでは言っていないので、1は合っていない。また、筆者は第三段落で「科学技術の進歩、社会の仕組みや価値観の変化……に伴って新しい用語が次々と生まれるのは必然である」と述べているが、「一般市民もそうした語の学習を怠ってはならない」とまでは言っていないので、2も合っていない。最終段落を読む限り、筆者が「誰にでも分かる『やさしい日本語』」を期待しているのは、市政側が市民に語りかける場面においてであり、「市議会での発言においては、外来語の使用は極力避けるべきである」と主張しているわけではないので、4も合っていない。

カバーイラスト…………福政真奈美
装丁………………………難波邦夫
DTP………………………牧屋研一
本文イラスト……………黒沢信義

日《に》本《ほん》語《ご》検定《けんてい》 公式《こうしき》過《か》去《こ》問題集《もんだいしゅう》 2級 令和6年度版

第1刷発行　2024年3月31日

編　　者　日《に》本《ほん》語《ご》検定《けんてい》委《い》員会《いんかい》
発 行 者　渡辺能理夫
発 行 所　東京書籍株式会社
〒114-8524　東京都北区堀船2-17-1
電話 03-5390-7531（営業）　03-5390-7506（編集）
日本語検定委員会事務局
フリーダイヤル 0120-55-2858
印刷・製本　図書印刷株式会社

ISBN978-4-487-81752-8 C0081

東京書籍　https://www.tokyo-shoseki.co.jp
日本語検定委員会　https://www.nihongokentei.jp